KB036744

갓God 스물

스무 살 사용 설명서

갓God 스물

스무 살 사용 설명서

스무 살 딸에게 알려 주는
엄마의 인생 레시피!

최세라 지음

십 대 시절을 잘 보냈고

후회할 일 몇 가지가 있었고

망설이다 기회를 놓치기도 했지만

그러나 예외 없이

오전 9시엔 늘 최선을 다했어요

지금껏 그렇게 살아왔어요,

라고 너는 말했다

그리고 스물이라는 출발점에 있다고

달리기 경주의 신호탄을 기다린다고

이 세상을 너무나 사랑하는데

멋지게 질주하고 싶은데

잘 달릴 수 있을까요,

라고 너는 물었다

이제 대답할 수 있을 것 같아서 글을 쓴다.

이제 어디선가 힌트를 구하지 않아도

너에게 말할 수 있을 것 같다.

스무 살에 너는 '사회'라는 거리로 나설 것이다.

나란히 걷기와 홀로서기를 연습할 것이다.

스무 살에 만나는 사람들은 네가 누군지 말해줄 것이다.

그들은 앞으로 너와 같은 분야에서 일할 사람들이다.

스무 살에 어떤 일을 시작하면 마흔엔 20년 경력이 된다.

스무 살에 진학, 취업, 창업 중 무엇을 할까

- 무엇을 먼저 시작하든 다른 걸 할 기회가 있다.

스무 살에 '너'라는 분야에서

가장 탁월한 너를 만들기 시작할 것이다.

'그'라는 분야에서 가장 탁월한 그를 만나기 시작할 것이다.

이 세상과 사람들을 어떻게 사랑할지 배우는 동안

스무 살은 간혹 흔들리는 거미줄 같겠지만

곧 그 줄을 붙들고 날아다니며 자신을 세상과 연결할 것이다.

스무 살이 가진 능력과 아름다움은

스무 살의 네가 '갓(God) 스물'인 것을

깨달았을 때 절정에 오른다.

태초에 신은 이 세상을 출발시켰다.

갓God 스물의 너는 출발점을 박차고 질주하기 시작한다.

'가장 탁월한 자신'이라는 도착점 혹은 결승선을 향해.

빛나는 삶을 살게 될 God 스물의 모든 그대에게

그리고 나를 지탱해 주는 스무 살 딸에게 이 책을 바칩니다.

갓 스물 그대가 망설이지 않고 돌진해도 되는 이유 :
스무 살은 God 스물이기 때문이다!

차례

기억하기로 해

"황금빛으로 물결치는 밀밭을 보면 금발 머리의 널 기억하게 될 거야.
그럼 난 밀밭에 일렁이는 바람까지 사랑하게 되겠지."

생텍쥐페리Saint Exupery, 《어린 왕자》 중에서

내 머릿속 메모리카드

얼마 전 노트북이 자꾸 멈춰서 수리점에 갔다. 사장님은 이리저리 살피더니 메모리카드 접촉에 문제가 생겼다고 했다. 고치지 않으면 정보가 손실되거나 방금 겪은 것처럼 작업이 중지될 거라고 덧붙였다. 노트북을 맡기고 나와서 근처 길을 걸었다. 사람들이 오가고 있었다. 나도 이 사람들 머릿속에도, 우리 눈으로 볼 수 없는 메모리카드 같은 것이 들어 있다. 상태는 각자 다를 것이다. '나'라는 메인보드와 접촉이 잘될 수도 있고 문제가 생길 수도 있다. 컴퓨터 메모리 불량은 수리점에 맡기면 된다지만 내 기억이 고장나면 어디에 맡겨야 하나.

흥미로운 건 같은 사건을 겪어도 사람마다 다르게 기억한다는 것이다. 예를 들어 하나의 사건을 둘 이상이 목격했을 때 증언은 종종 일치하지 않는다. 범인의 얼굴과 인상을 반대로 설명하기도 한다.

"그의 얼굴은 어둡고 사나웠습니다."

"평범한 얼굴에 도무지 그런 짓을 저지를 것 같지 않은 인상이었습니다."

서로 다른 진술을 하는 이유는 기억에 정서가 개입돼서다. 범인이 이용했던 자동차의 번호라든지 그가 도망친 방향 등 객관적 요소는 그대로다. 우리의 기억도 마찬가지다. 우리의 기억은 메모리카드처럼 단순하진 않다. 사실은 그대로지만 정서가 개입되기 때문이다. 이렇게 정서로 덧칠된 기억을 우리는 매 순간 꺼내며 산다.

내 삶을 좋은 기억으로 구성하는 일에 힘쓰자. 설령 견디기 힘든 날이 온다 해도 과거를 돌이켜보며 '이제껏 잘 걸어왔으니 이 길로 계속 가면 돼'라고 자신을 다독일 수 있는 사람이 되자. 자신을 믿어주는 사람이 되자. 그러려면 좋은 정서로 지낸다는 게 어떤 것인지 알아둘 필요가 있다.

좋은 정서로 살고 싶어

"놀이기구 앞에서 길게 줄을 섰어요. 우리는 솜사탕을 떼어먹거나 오렌지주스를 마시며 떠들었고, 꼬마들이 비눗방울을 불며 뛰어다녔어요. 비가 조금씩 내렸지만 우산을 쓸 정도는 아니었죠. 정말 환상적이었어요."

중간고사가 끝나서 친구들과 함께 놀이공원에 갔던 A는 이렇게 말했다. 그러나 같은 날 같은 곳에 있었던 B의 기억은 달랐다.

"참 우중충한 날이었어. 오랜만에 간 건데 비가 내리질 않나, 사람은 왜 또 그렇게 많은지. 놀이기구는 몇 개 타지도 못 했어. 게다가 아이들이 제멋대로 뛰어다니는 데도 제지하는 부모는 없었지. 다들 왜 그 모양일까?"

A와 B는 같은 경험을 했어도 다른 정서로 기억했다. 물론 각자 상황에 따라 기분이 좋을 수도 나쁠 수도 있다. 기분을 억압할 필요는 없다. 그날 B는 놀이공원에 갈 기분이 아니었을지도 모른다. 전날 밤샘 공부를 해서 컨디션이 안 좋았거나 중간고사를 망쳤을 수도

있다. 그렇다면 그 정도는 이해할 수 있다. 하지만 특별한 이유가 없는데도 매사 부정적인 정서를 갖는다면 어떻게 될까.

삶은 기억으로 구성된다. 엄밀히 따지자면 1초 전의 내 모습도 현재가 아닌 과거다. 기억 속 모습이다. 머릿속 메모리카드에 입력된 채 '다시는 돌아갈 수도 돌이킬 수도 없는 불가능의 시간'을 구성한다. 기억은 한 사람의 과거이자 '현재의 1초 전'이다. 따라서 기억은, 그것을 구성하는 정서는 그 사람의 '거의 모든 것'이다.

강 약 중강 약 - 정서의 화력조절

정서는 크게 보면 두 갈래다. 유쾌하거나 불쾌하거나. 유쾌할 때 우리 마음은 넓어지고 너그러워진다. 문제가 있어도 심각하게 느껴지지 않는다. 다른 사람을 기꺼이 안아줄 수도 있다. 날카롭게 받아칠 일도 유머를 발휘해서 좋은 관계를 만들 수 있다. 불쾌할 때는 그 반대다. 남의 작은 행동도 신경 쓰이고 아니꼽게 생각된다. 작은 문제도 넘기 힘든 큰 산과 같이 느껴진다. 내 잘못보다는 주위 사람 탓을 하기 쉬워진다. 이렇듯 잘 안 되는 일을 외부 탓으로 돌리다 보면 상대도 내 마음을 눈치채게 된다. 관계가 좋아지기는커녕 그대로만 유지돼도 다행이다.

우리는 정서에 대한 이런 사실들을 경험을 통해 쉽게 알 수 있다. 하지만 살다 보면 늘 유쾌할 수만은 없어 문제다. 그래서 정서를 다루는 능력이 필요하다. 정서 다루기는 가스불 조절하는 일과 비슷하다. 짜장면 재료를 볶을 때처럼 강한 불에서 요리해야 할 때도 있고, 중간 불에서 끓여야 할 때도 있다. 죽이나 수프를 만들 때는 꺼지기 직전의 약한 불을 오래 유지해야 한다.

이제 기쁨, 슬픔, 분노, 사랑, 외로움의 다섯 가지 정서들을 깊이 들여다보려 한다. 각각의 정서는 얼마만큼의 화력으로 다루어지고 조절되는지 말해 보려 한다.

기쁨은 어두웠던 일도 밝게 기억하도록 이끈다.

슬픔은 잃어버린 것에 대해 충분히 애도하게 한다.

분노는 같은 일을 두 번 당하지 않도록 마음을 굳건히 세워준다.

사랑은 어려운 상황을 극복하고 나아가게 만들어 준다.

외로움은 타인의 소중함을 생각하게 만들어 준다.

기쁨

기쁨의 강도에 대해 생각해 보자. 뛸 듯이 기쁠 때만 기쁜 것은 아니다. 뛸 듯이 기쁠 때를 최강의 화력이라고 생각해 보면, 꺼지기 직전의 기쁨은 소소한 행복 속에 있을 것이다. 그런 건 작은 발견 속에 많이 들어 있다. 작은 기쁨들을 많이 찾아내서 누리는 건 유쾌한 정서로 가는 지름길이다.

기쁨이란

멀찍이서 고개를 갸웃거리는 고양이를 보는 일

팝콘 용기에 손을 넣다 친구 손에 닿는 순간

자전거를 빌려 탔는데 운 좋게 새것을 만났을 때

나무 향이 좋은 연필의 냄새를 맡는 순간

좁다란 산책길을 근심 없이 걸을 때

기대하지 않았던 친구로부터 생일축하 인사를 받는 일

슬픔

슬픔은 종종 냉장고에 들어간 기분을 느끼게 한다. 화력은커녕 차고 시린 날의 연속이다. 슬픈 날의 나는 냉장고 속 무와 배추처럼 시들어 간다. 이 기분은 무언가를 혹은 누군가를 잃어버렸다는 상실감으로부터 온다. 슬픔 속에 있을 땐 애도하는 대상을 잘 보내 줘야 한다. 온 마음을 다해서 떠나는 존재를 축복해야 한다.

슬픔이란
마음을 다했던 사람과의 관계가 끝나는 것
반려동물이 아프거나 눈을 맞추지 못하는 일
건강을 잃어서 예전만큼 활동할 수 없는 것
비싸거나 소중한 물건을 뺏기는 일
타인의 슬픔을 바라보는 슬픔

분노

분노는 화력이 세다. 이 불길을 잠재운다는 건 여간 어려운 일이 아니다. 분노는 종종 내 삶을 파괴하고 집어삼킨다. 분노, 화는 옛날부터 연구 대상이었다. 2000년 전에 살았던 철학자 세네카Seneca는 로마의 황제 네로의 스승이었다. 그에게는 화를 다스리기 어려워하는 형제, 노바투스가 있었다. 세네카는 노바투스에게 편지를 보내 화가 사람을 어떻게 파괴하는지 조언했다. 이성으로 화를 제어하는 방법을 얘기해 줬다. 이런 세네카조차도 네로 황제를 해치려 한다는 의심을 받아서 독약을 마셔야 했다. 네로의 화가 그를 삼켰기 때문이다.

어떤 분노는 일으켜야 할 때도 있다. 이때 화는 이 세계의 잘못된 질서를 바로잡게 만드는 힘이 된다. 즉, 사회적 기능을 한다. 우리의 마음에 화가 일어날 때 다음과 같은 것을 분별해 보자. 이것은 내 욕심 때문에 나는 화인가 아니면 사회를 위한 정당한 분노인가.

불에는 불의 길이 있다. 어떤 경우엔 불을 끄기 위해 물과 모래와 젖은 담요를 동원해야 한다. 어떤 경우엔 불이 연못으로 달려가 저절로 꺼질 수 있도록 길을 틔워줘야 한다.

분노란

내가 가질 수 있다고 믿었던 것을 남이 차지했을 때

억울한 일을 당했지만 호소할 곳이 없는 것

열렬히 기대했던 일이 어이없이 무산됐을 때

선한 사람이 잘못되거나 나쁜 일을 한 사람이 잘됐을 때

바다 생물들이 인간이 버린 쓰레기로 인해 고통받는 일

거울을 통해 분노하는 내 얼굴을 보는 일

사랑

사랑은 누구나 원하는 최고의 정서다. 간혹 불안, 의심, 질투, 독점욕 등 부정적인 정서까지 '사랑'이라고 부르기도 한다. 그러나 여기서는 안정된 정서, 돌봐주는 마음, 정성을 다하는 태도에 국한하여 사랑을 생각하기로 한다. 우리가 매일 음식을 필요로 하듯 사랑도 날마다 필요하다. 사랑을 주는 일과 받는 일 모두가.

사랑이란

화분마다 물 주는 주기에 맞춰 흠뻑 적셔주는 일

누군가 내민 손을 뿌리치지 않고 마주 잡는 일

마주 잡은 손 위로 오래오래 시선을 맞추는 일

아무리 바빠도 시간을 만들어 달려가는 일

미안하고 고마운 마음이 동시에 드는 일

손글씨로 편지 한 장을 써서 건네는 일

외로움

외로움은 고독과 다르다. 모든 인간은 고독하다. 고독한 탄생, 고독한 삶, 고독한 죽음. 이런 것들을 오롯이 혼자 겪어내야 한다. 그런 고독 속에서 자신만의 길을 걷고, 하나의 인격으로 성장한다. 그런데 모든 인간이 외로운 것은 아닌 것 같다. 특히 대가족이 어우러져 음식과 대화를 나누는 문화에서 그렇다. 외로움은 혼자 있는 상태를 쓸쓸히 생각하는 정서다. 타인을 필요로 하는 감정이다. 외로운 날에 필요한 것은 타인에게 불쑥 내 감정 말하기, 친하게 지내자고 무작정 다가가기 같은 게 아니다. 잘 어울려 지내는 능력인 '사회적 기술'이 필요하다. 다른 사람과 있을 때 서로 괴롭지 않도록 '함께 잘 지내기'를 배워야 한다. 사람에 따라 이것은 평생 익혀야 할 기술이다.

외로움이란

내가 먹는 음식, 내가 보는 풍경을 나눌 사람이 없다는 것

얘기할 게 생각났는데 아무도 없어서 거울을 보고 말하는 일

영화 티켓이 두 장 있는데 모두 바쁘다고 할 때

우두커니 한자리에 서서 길어지는 그림자를 보고 있을 때

다시 컴퓨터 수리점에서

메모리카드 문제를 해결했다는 문자를 받고 노트북을 찾으러 갔다. 사장님은 다음에 또 이런 일이 생기면 메모리카드를 지우개로 문질러 보라고 말했다.

"네? 지우개요?"

"접촉이 불량할 때 많이들 그렇게 해요. 컴퓨터 부품에 먼지가 끼거나 산화막이 생기곤 하는데 이걸 없애기엔 지우개가 참 유용하거든요."

사장님의 설명을 들으면서 우리의 메모리카드, 즉 기억도 먼지 끼기 좋은 조건을 가졌다는 생각이 들었다. 때가 낀 기억은 지우개로 지워야 한다는 것도. 물론 원하는 기억만 선택해서 추억할 수는 없다. 때론 힘겹고 수치스럽고 무서운 기억이 튀어나오는 일도 생길 것이다. 그러나 할 수 있는 한 좋은 정서로 하루하루를 보내기, 기억 위에 앉은 먼지는 제거해 주기. 그래야 '나'라는 메인보드와 '기억'이라는 메모리카드는 접촉 불량을 일으키지 않을 것이다. '삶'이라는 노트북의 기능이 멈춤 없이 돌아갈 것이다.

God 스물을 위한 체크리스트 No 1.

기억을 맡기는 몇 가지 방법

우리에게 필요한 모든 기억을 머리에만 저장할 필요는 없어. 안 그래도 머리는 할 일이 너무 많거든. 이것을 기억하다가 저것을 잊는 경우는 허다하지. 게다가 현대 사회에 사는 우리는 컴퓨터 작업 등 두뇌의 용량을 초과하는 일들을 수없이 처리해야 해. 그렇다면 기억을 못 해서 낭패 보는 일을 어떻게 막을 수 있을까? 기억을 여기저기에 분산시켜 보자. 맡겨 보자. 때로는 몸이, 때로는 종이가, 때로는 전자 저장 공간이 머리 대신 기억할 수 있어.

@ 앗, 데이터가 날아갔네

컴퓨터나 스마트폰의 사진, 문서 등을 이미 날렸다면 데이터 복구 센터를 찾아야겠지. 그런데 이때 대부분은 원만히 일 처리가 되겠지만, 개인정보가 새나갈 염려도 있고 비용도 만만찮아. 그러니 평소에 분산 저장을 하는 습관을 들여야 해. 클라우드, USB 장치 두세 곳에 미리 저장해 두는 습관 말이야. 그날그날 작업한 파일이라면 이메일을 이용하는 편이 간단할 거야. '내게 쓰기' 기능을 이용하면 나만 읽을 수 있지. 포털

사이트에서 제공하는 내 블로그에 글을 쓰고 비공개로 설정해 두는 것도 훌륭한 방법이야.

@ 포스트잇

포스트잇은 혼자 공부하거나 일할 때 훌륭한 도구가 돼 주지. 그뿐 아니라 함께 일하는 사람에게 업무 요령을 알려줄 때 좋아.

@ 비밀번호 관리방법

여러 사이트에서 비밀번호를 변경하다 보면 자주 혼란이 오고 잊어버리기도 쉬워. 이런 일을 예방하려면 나만의 비밀번호 부여 법칙을 고안해 두는 게 좋아. 예를 들어 앞의 문자 부분은 '삼각형tkarkrgud-사각형tkrkrgud-오각형dhrkrgud' 등 도형 이름으로, 뒤의 숫자 부분은 '105-146-1221' 등 집 앞에 다니는 버스 번호로 정하는 거지. 이렇게 해서 문자와 숫자를 짝지어 입력하면 나중에 기억하기도 수월해질 거야. 좀 더 정교하게 만들고 싶다면 문자나 숫자 카테고리를 하나 더 만들어도 되고. '포도vheh-사과tkrhk-자두wken' 같이 말이야.

@ 매뉴얼과 레시피

청소나 운동을 할 때, 옷을 차려입고 나갈 때, 괜찮은 음식을 만들어 대접할 때 등을 위해 미리 요령을 정리해 두면 좋아. 청소는 베란다 - 거주 공간 - 주방 - 화장실 - 현관 순으로 한다거나, 화요일에는 옷장을 정리한다거나. 갑자기 손님이 올 땐 중국집 메뉴 두 가지를 배달 주문하고 슈퍼마켓에선 청량음료, 주스, 과일, 스파게티 재료만 사 온다거나. 그렇게 원칙을 딱 정해서 종이에 프린트한 다음 나만의 매뉴얼을 만들어 두는 거야. 그러면 고민 없이 일을 수행할 수 있어서 시간과 에너지를 절약할 수 있어.

@ 알람 활용법

보통 알람은 기상 시간 때문에 맞추게 되지. 그런데 내가 평소 꼭 해야 하는 데도 자주 잊는 일이 있다면 그걸 상기하기 위해 알람을 맞출 필요가 있어. 만약 도서관에서 빌린 책이 있어서 2주 뒤에는 돌려줘야 하는데 페이지 수가 많다면 매일 일정한 시각에 알람이 울리도록 설정해 두는 거야. 그렇게 해서 정해진 시각마다 독서를 하면 반납 기한이 되어 발을 동동 구를 염려는 사라질 거야.

@ 몸으로 기억하는 활동은 미리 배워두기

자전거 타기, 수영하기, 운전하기처럼 몸이 기억하는 활동들이 있어. 이런 활동의 특징은 한 번 배워두면 평생 잊지 않는다는 거야. 악기도 마찬가지지. 서핑이나 스케이트같이 특정 장소에서만 배울 수 있는 종목을 익혀두면 내가 가질 수 있는 취미의 영역이 넓어져.

나 아닌 사람으로는 살아가지 않기

꽃나무는 제가 생각하는 꽃나무를 열심으로 생각하는 것처럼
열심으로 꽃을 피워 가지고 섰소.
꽃나무는 제가 생각하는 꽃나무에게 갈 수 없소.

— 이상, 〈꽃나무〉 중에서

나를 이루는 것들

물을 마실 때면 한 번씩 이 물이 퍼지는 범위와 속도를 생각하게 된다. 손끝과 발끝까지 도달할 물에 대해서. 그것들의 무게에 대해서. 숨 쉴 때도 마찬가지다. 내 몸속을 달릴 산소를, 몸 밖으로 나가 세상으로 퍼져나갈 이산화탄소를 생각한다. '나'라는 고체를 드나드는 기체와 액체는 일정하지 않다. 나는 내가 아닌 것들로 이루어져 있다. 나는 고체와 액체와 기체의 뒤범벅이다. 그리고 그것들의 비율과 무게와 부피는 시시각각 변한다.

사과를 먹을 때면 몇 달에 걸쳐 열매를 키웠을 사과나무의 노력을 먹는다. 사과가 입안에서 씹힐 때 그것의 즙이 목구멍으로 조금씩 넘어갈 때 나는 '나 + 사과'가 된다. 고양이를 만질 때 고양이의 그르렁거리는 소리는 내 피부와 뼈를 울리는 진동이 된다. 내 심장은 고양이 덕분에 느린 박동으로 뛴다. 원피스를 입을 때면 제법 괜찮아 보이는 '나 + 원피스'가 되고, 바지를 입으면 어색한 '나 + 바지'가 된다. 산비탈을 올라갈 땐 땅바닥에 나뒹구는 나뭇가지를 지팡이 삼는다. 오래전 나무로부터 분리된 가지는 내 몸을 지탱해 주는 버팀목이 된다.

턱을 괴는 습관이 있는 나는 그 탓에 목뼈가 건강치 못한 내가 되었다. 움직이기를 싫어하다 보니 군살이 붙은 내가 되었다. 단것을 좋아하다 보니 건강식을 즐기지 않는 내가 되었다. 안 좋은 치아는 덤이 되었다. 커피를 즐기다 보니 커피 없이는 못 살게 되었다. 다행히 술과 담배는 즐기지 않아서 그것들은 나를 구성하지 않고 있다. 만약 술을 즐겨 마셨다면 충동적인 행동들을 감당해야 하는 내가 되었을 것 같다. 담배를 배웠다면 치아에 타르가 끼고 몸에서 냄새가 나서 고민하는 내가 되었을 것 같다.

좋은 사람과 만난 날에는 좋은 기분에 잠긴 내가 된다. 안 좋은 일에 휘말리면 풀이 죽은 내가 된다. 이럴 때 나는 스스로 부여한 가치와 남들이 내게 붙여준 꼬리표로 이루어진다. 아니, 이건 너무 수동적이다. 이런 것들에서 벗어나려 할 때는 능동적으로 변하려는 내가 된다. 보행 신호등이 깜박이는 데도 길을 건너기 시작할 때는 교통의 흐름을 방해하는 내가 된다. 종이컵에 뜨거운 물을 담아 마실 때는 미세플라스틱을 섭취하는 내가 된다. 대기질이 안 좋은 날 뛰어다니면 미세먼지를 흡입하는 내가 된다.

미국의 소설가 척 팔라닉Chuck Palahniuk은 '나의 어느 부분도 원래부터 있었던 것이 아니다. 나는 모든 사람이 기울인 노력의 집합체'라고 말했다. 가족이나 스승뿐 아니라 택배 사원, 의사와 간호사, 버스 기사, 음식점의 주방장, 국회의원, 외국의 프로그램 개발자나 바나나 농장 일꾼 등 모든 사람이 나를 구성한다. 바꿔 말하면 나 또한 지구에 사는 사람 70억 명을 구성할 능력이 있는 사람이다.

자기소개를 멋지게 하려면

가끔 사람들 앞에서 자기소개 할 때가 있다. 이때 그냥 '나'에 대해 말하면 되는데 참 쉽지 않다. 몸을 배배 꼬면서 엉뚱한 소리나 늘어놓지 않으면 다행이다. 의외로 나는 나를 모른다. 우선 내 눈은 나를 볼 수 없다. 거울, 다른 사람의 눈, 어두운 유리에 비친 나를 감지할 뿐이다. 내 귀도 진짜 내 목소리를 들을 수 없다. 내가 내는 소리는 몸의 공간을 울리며 나오기 때문이다.

나 자신보다는 차라리 친구를 소개하는 게 더 쉬울지 모른다.

"내 친구는요, 장난이 심하고 밥을 10분 만에 먹고 게임을 진짜 많이 해요. 그림을 잘 그리는데 글씨는 되게 못 써요. 웹툰 작가가 되는 게 꿈이래요."

그런데 '나'를 소개해 보라고 하면 말이 잘 안 나온다.

"저는 대전에서 태어났고 올해 스무 살입니다. 부모님의 사랑을 듬

뿍 받으며 자랐습니다. 지금은 모 프랜차이즈 매장에서 일하고 있습니다. 여러분을 만나 뵙게 되어 반갑습니다. 잘 부탁드립니다."

친구는 자연스럽게 소개할 수 있는데 나를 소개하는 일은 왜 이렇게 어려울까. 정답은 '잘 부탁드립니다'라는 말에 있다. 이 말엔 타인의 평가를 의식한다는 뜻이 들어 있다. 사람들에게 잘 보이고 싶고 빨리 적응해서 성공하고 싶어 하는 것이다. 이런 것들을 바라면 바랄수록 몸과 마음은 긴장한다. 유연한 사고를 갖기 힘들어진다. 내 개성에 대해선 말하지 못하고 사실적인 얘기만 늘어놓게 된다. 만약 남에게 잘 보이려는 마음을 버린다면 이렇게 소개할 수도 있었을 것이다.

"저는 가만히 앉아 있질 못합니다. 냉장고에 들어 있는 재료를 모두 꺼내서 음식을 만들곤 해요. 심심할 땐 공을 몰고 운동장으로 나갑니다. 여행을 좋아하는데 아직 근사한 캐리어를 못 구했네요. 멋진 캐리어 파는 곳을 알려주시는 분께 제 명함을 드리겠습니다."

나는 변한다, 변하는 게 나다

모든 것은 순간순간 변한다. 불교에서는 이를 '제행무상諸行無常'이라고 하여 근본 교리 중 하나로 설파한다. '나'도 마찬가지다. 끊임없이 변한다. 가만히 있어도 오래된 세포가 죽고 새 세포가 생긴다. 머리카락과 손발톱은 계속 밀려 나온다. 피부에서 각질이 떨어지고 나도 모르는 사이 상처가 생기기도 아물기도 한다. 몸속이 생과 사의 드라마다.

취향도 변한다. 지금은 조용하게 지내는 것도 괜찮다고 생각하지만, 갑자기 심심한 걸 못 견디는 성격으로 바뀔 수 있다. 집 앞 편의점에 갈 때도 옷차림에 신경을 썼는데 어느 순간 치장하는 일에 관심이 없어질 수도 있다. BTS에 열광하다가 트로트에 심취하기도 하고, 고기 없이는 밥을 안 먹다가 채식주의자가 되기도 한다. 이렇게 바뀌는 건 대개 어떤 만남이 계기가 된다.

모든 만남에는 무게가 있다. 그 무게만큼 서로 영향을 주고받는다. 우정이나 사랑이 사람을 변하게 만드는 사례는 수없이 많다. 예를 들어 순진한 줄만 알았던 자식이 이상한 짓을 했을 때 부모는 흔히 '나쁜 친구'를 탓한다. 이 말은 반은 틀리고 반은 맞다. 나쁜 친구를 만나서가 아니라 원래 일탈하기 쉬운 성향이 있었을 것이다. 하지만 그런 성향이 있었더라도 특정한 친구를 만나 일탈하기 시작했다면, 그 친구와의 만남이 독이 된 건 사실이다.

사랑도 그렇다. 사랑하는 이를 위해 사람들은 강해지기도 하고 약해지기도 하고 초인적인 능력을 발휘하기도 한다. 그런 방식으로 나는 대상을 변화시키고 대상도 나를 변하게 한다. 그러면서 모든 것은 시간과 더불어 흘러가는 것이다. 그 흐름을 의미 있고 행복하게 만들 지 헛되게 만들 지는 나에게 달려 있다.

고양이 탐정의 충고

드물지만 사랑이 아닌 미움이나 질투 때문에 내가 변했다는 느낌을 받을 때가 있다. 이때의 나, 즉 자아는 길 잃은 집고양이와 같다. 둘 다 행방이 묘연하고 쉽게 파악되지 않아서다. 여기 있을까 하고 다가가 보면 아무것도 없고, 울음소리가 들리는 것 같아 그리로 향하면 어김없이 다른 방향에서 메아리가 울린다. 천신만고 끝에 얼굴을 마주치면 흥분해서 털을 세우거나 달아나 버린다. 포획되거나 관찰되기를 거부한다.

고양이가 사라졌을 때 나와 가족은 며칠 찾아 헤매다가 실패해서 고양이 탐정에게 연락했다. 그에게 업무를 의뢰하기 위해서는 몇 가지 중요한 질문에 대답해야 했다. 고양이 이름이 아니라 이름 부를 때의 목소리 높낮이를, 즐겨 먹는 사료가 아니라 절대 안 먹는 간식을, 평소에 내다보며 동경하던 곳이 아니라 안 갈 것 같은 장소를. 고양이 탐정에게 대답하는 사이 머릿속이 뒤죽박죽이 되었다. 생각보다 우리 고양이에 대해 너무 모르고 있었다.

고양이 탐정은 대놓고 혀를 차진 않았지만 평소 기울인 관심만큼 찾는 속도가 빨라진다고 말했다. 초조해졌다. 고양이를 찾지 못하면 어쩌지, 어쩌지? 고양이 가출 사건의 어려운 점은 이런 것이다. 집을 나가고 있는 녀석을 발견하는 게 아닌, 고양이의 '집에 없음'을 발견한다는 것. '없음'을 찾기 위해 이름을 부르고, 싫어하는 것들을 놔둬서 녀석이 있을만한 장소의 반경을 좁히고, 의외로 예상치 못한 장소에서 눈을 마주치게 되는 것. 그리고 번번이 놓치는 것.

이제 '고양이'를 '나'로 바꿔 말해 보려 한다. '나'라는 집고양이가 얌전히 있을 땐 이런저런 특징을 세심히 헤아리지 않게 된다. 그러나 드물지만 어떤 부정적인 계기로 인해 자아가 변하거나 낯설어지면 그땐 가장 나답지 않은 것을 이용해 원래의 상태로 회복시켜야 한다.

고양이 탐정이 나와 가족에게 한 충고는 간단했다.

"기록하세요. 그리고 고양이의 행동에 대해 서로 더 자주 대화하세요."

그럼에도 변하지 않는 것

앞에 인용된 이상의 시를 다시 본다.

'꽃나무는 제가 생각하는 꽃나무를 열심으로 생각하는 것처럼 열심으로 꽃을 피워 가지고 섰소. 꽃나무는 제가 생각하는 꽃나무에게 갈 수 없소.'

이 시를 읽을 때마다 나는 잎사귀도 없이 조그만 꽃봉오리 몇 개만 매달고서, 그 봉오리 틔우려고 애쓰는 앙상한 나무가 생각난다. 이상적인 꽃나무를 생각하며 그 모습에 다가가려고 애쓰는 나무. 천 송이의 겹꽃을 피우고픈 나무. 아무리 열심히 피어도 제 기준에 못 미치기 때문에 다시 열심을 내어 변해가는 꽃나무가.

이 세상에 유일하게 변하지 않는 것은 변한다는 그 사실뿐이다. 변하기 때문에, 내일보단 젊고 아름다울 오늘의 내 몸을 아낄 수 있다. 변하기 때문에 지금 말 걸어오는 사람을 최선의 자세로 맞이할 수 있다.

그러므로 변하지 말아야 할 것이 있다면 '나'에 대한 예의일 것이다. 나를 함부로 대하지 않고 힘을 북돋워 주는 좋은 사람 만나기, 유쾌한 정서 유지하기, 맑은 공기 마시기, 책 읽기, 풍부한 경험과 좋은 습관들이 나를 구성하도록 만들기. 그래서 나는 어떤 사람인지 애정을 다해 파악하고, 당당하게 세상에 참여하고, 나 아닌 사람으로는 살아가지 않기.

God 스물을 위한 체크리스트 No 2.

첫사랑은 정말 이뤄지지 않을까?

언젠가 프랑스 꼬마들의 사진을 본 적이 있어. 하나같이 '두두'라는 애착 인형을 꼭 끌어안은 채 엄지손가락을 빨고 있었지. 침이 손목까지 흘러 내려오고 있어도 그 모습은 너무나 사랑스러웠다. 물론 꼬마 시절에만 애착 대상이 필요한 건 아니야. 어른이 되고 노인이 돼도 여전히, 아니 예전보다 더욱 간절히 필요해져. 인간을 마지막으로 지탱해 주는 건 사랑이니까.

영국의 정신분석가 존 볼비John Bowlby는 유년기에 제대로 된 돌봄을 받은 경험이 얼마나 중요한지 연구했어. 어린 시절에 좋은 애착 관계를 가졌던 사람은 안정적인 태도를 갖는다. 상대의 행동에 예민하게 반응하거나 과하게 의미부여를 하지 않아. 그러나 아쉽게도 모든 사람이 이 유형인 것은 아니지. 유년기에 충분한 애착 관계를 누리지 못한 사람은 불안해하거나 회피하게 돼. 지나치게 매달리거나 피하는 사람이 되어 갈등을 만들고 결국 상처를 주고받게 되지. 이런 유형들에도 사랑의 대상은 존재해. 어쩌면 불안하고 회피하기 때문에 더 절실한 지도 모르겠어. 그중에서도 첫사랑은 특별하지.

세월이 흐르고 흘러도 첫사랑 그 사람은 대개 스무 살 안팎의 모습으로 추억돼. 그때의 외모와 느낌과 순수함으로. 첫사랑은 요절한 예술가 같은 것이어서 기억 속에 잠복하고 있다가 불쑥 떠오르는 거야. 이루지 못한 첫사랑은 끝내 마음을 아프게 만든다. 서로 사랑에 서툴렀던 걸 후회하지만 돌이키기는 어렵지. 대부분 불가능하지.

캐나다의 심리학자 존 앨런 리John Alan Lee는 사랑에 대한 태도를 6가지 유형으로 나눴다고 해. 첫째는 소유욕이 강하고 감정의 극단을 오르내리는 마니아Mania적 사랑이야. 두 번째는 상대의 아름다움을 탐닉하고 낭만적 열정을 중요하게 생각하는 에로스Eros적 사랑이지. 세 번째는 오랜 친구로서의 관계가 이어지는 스토르게Storge적 사랑. 네 번째는 루두스Ludus적 사랑인데, 이것은 여러 명을 동시에 만나기도 하는 유희적 측면이 강하다고 해. 다섯 번째는 프라그마Pragma적 사랑으로, 상대의 배경과 사회적 위치 등을 중요하게 생각하는 현실적 사랑이야. 그리고 마지막 여섯 번째에는 모든 걸 헌신하는 아가페Agape적 사랑이 있어.

누군가를 처음으로 사귀는 사람들은 자신이 가진 사랑의 유형을 잘 모른다. 상대방이 어떤 태도로 접근하는지는 더 모를 수밖에. 생각해 보자. 마니아적 사랑을 하는 사람이 여러 이성과 즐겁게 지내기를 원하는 상대를 만나면 어떻게 될까. 또 현실적인 안목으로 이성을 고르는 걸 사랑이라 생각하는 사람이 모든 걸 쏟아 붓는 아가페 유형의 대상을 만난다면 그건 꼭 행복하기만 한 일일까? 친구 관계로 시작해서 천천히 알아가려 하는 사람이 에로스적 열망으로 가득한 상대를 만난다면? 이렇듯 단순할 것 같은 사랑도 그 안을 들여다보면 부딪힐 만한 요소가 가득해. 첫사랑에서 이런 것들을 알아채고 조율하고 가꿔 나간다는 것은 쉽지 않지.

첫사랑을 평생 지속하기 어려운 이유 중 다른 하나로는 젊은 시절의 불안정한 삶을 들 수 있어. 이십 대에는 주로 가정과 직장을 준비하며 지내게 되지. 이런 기간에 두 사람 중 한 명이 다른 곳으로 유학이나 취업을 해서 헤어지는 경우가 종종 있어. 큰 시험을 앞두고 있어서 남다른 노력을 기울여야 한다거나, 두 사람의 근무 패턴이 정반대여서 이별하기도 하지. 결혼관이 맞지 않아 돌아서기도 하고.

첫사랑도, 첫사랑이 아닌 사랑도 오랜 세월 변함없이 유지하기란 쉬운 일이 아니야. 소중한 사랑을 지속하려면 솔직하게 말하고 귀 기울여 들어야 해. 사랑의 시작은 심장이 두근거리는 설렘일 거야. 그러나 설레는 감정이 사라지고 나서도 관계를 유지하고 싶다면 두뇌로 사랑해야 해.

다른 누구와도 비교하지 않기

어느 누구의 죽음이든 나를 감소시키나니
나는 인류 속에 포함된 존재이기 때문이라
누구를 위하여 종이 울리는지 알아보기 위해
사람을 보내지는 말라
종은 바로 그대를 위하여 울리는 것이므로

— 존 던 John Donne, 〈누구를 위하여 종은 울리나〉 중에서

비교는 어릴 때부터 배운다

예전부터 '비교하지 말라'는 말이 싫었다. 꽤 오래 반발했다. 비교는 본능에 가깝다. 아주 어린 아이도 더 좋은 것을 고를 줄을 안다. 비교는 유아기부터 체계적으로 배운다. 작다-크다, 짧다-길다, 가볍다-무겁다, 얕다-깊다, 낮다-높다 등. 유아 수학에서 배우는 건 또 있다. 분류하기이다. 비슷한 것끼리는 모으고 다르게 생긴 것은 빼면서 정리하는 방법을 배운다. 서열화도 배운다. 첫째 둘째 셋째 등 서수는 단순하게 차례를 나타내기도 하지만, 보통은 1등 2등 3등의 서열을 뜻한다.

쪽문을 나서며

어린 시절에 나는 먼 친척 집에서 많은 시간을 보냈다. 부모님이 일하러 나가셔서 우리 집은 늘 휑했다. 방에 책가방만 던져 두고 그 집으로 향했다. 그때는 학교에서 각 가정에 가전제품이 얼마나 보급돼 있는지 조사를 했었다. "TV 있는 사람?" "세탁기 있는 사람?" 담임 선생님이 이렇게 물으실 때마다 나는 누가 언제 손을 드는지 훔쳐보곤 했다. 냉장고, 세탁기, TV가 다 있는 친구들은 자신감이 넘쳐 보였다. 나는 "라디오 있는 사람?"에서 한 번 손을 들었을 뿐이었다.

우리 집은 살림이 별로 없었지만 먼 친척 집은 달랐다. 대문도 두 개였다. 하나는 넓은 길 쪽으로 있었고, 다른 하나는 골목으로 나 있는 쪽문이었다. 그 집에 가면 함께 놀 친척 동생들도 있었고, 돼지들을 볼 수도 있었고, 맛난 음식을 얻어먹을 수도 있었고, 넓은 수돗가에서 물장난을 칠 수도 있었다. 물론 선생님이 물어보신 가전제품도 다 갖춘 집이었다.

그러나 돼지도 음식도 가전제품도 내 것은 아니었다. 밥이라도 먹을라치면 어른들이 젓가락질이라든지 옷 입은 모양새 같은 것들을 지적하곤 했다. 눈칫밥이란 그런 걸 말하는 거였을까. 어깨를 펼 수가 없었다. 그럴 때면 혼자 마당 가에 서 있곤 했다. 그 집의 수탉은 무척 공격적이었다. 수탉이 푸드덕, 날갯짓하며 날아오르면 내 눈앞에 날카로운 부리가 바짝 다가와 있었다. 나는 수탉에게 눈을 파먹힐까 봐 떨면서도 그 집에 갔다.

그 집이 가진 여유와 부유함이 좋았다. 거기 사는 친척 동생들이 부러웠다. 하지만 우리 집과 비교하는 마음 때문에 주눅이 들고 자신감이 떨어졌다. 가끔 수치스럽기도 했다. 나는 우리 가족에게 꽤 오래 죄책감을 느꼈다.

쪽문의 기억은 지금도 어깨를 움츠리게 한다. 사실 나는 그 집 어른에게서 수모를 당하신 엄마가 어서 집으로 돌아가자고 재촉할 때 고개를 저으며 남은 적이 있다. 매화밭이 펼쳐져 있는 널찍한 대문이 아닌 비좁은 쪽문 앞에서 그 집 식구에게 이유도 없이 야단을 맞기도 했다. 그럼에도 찾아갔던 파란 쪽문. 숨을 쉬면 파란 기운이 폐에 들어찰 것 같았던.

빛을 잃다

이웃집 아기 엄마는 잘 웃고 내게 잘 대해줬다. 나도 그 친구를 좋아했다. 마음이 잘 통했고 공통점이 많았다. 3년 정도 기분 좋게 교류했다. 그러나 우리 관계에는 미묘한 기류가 돌기 시작했다. 그는 모든 일이 잘 풀렸다. 넓은 집을 사고 인테리어 공사를 하고 멋진 가구를 사들였다. 주식이 오르거나 남편이 승진했다며 밥을 사기도 했다. 외국으로 여행도 많이 다녀서 사진을 찍어 보내곤 했다.

내게는 그런 일들이 일어나지 않았다. 그게 견디기 힘들었다. 사실로 말하자면 그 시절 나는 추락하고 있었다. 앞으로 나아지리란 전망은 나올 수가 없었다. 그 친구가 자신의 미래에 대해 말할 땐 자신감과 자부심으로 가득했고 얼굴엔 빛이 났다. 그런 친구를 보며 내 마음은 빛을 잃곤 했다. 어느새 비교하는 마음은 처지를 비관하는 마음으로, 비관하는 마음은 시기심으로 변질됐다. 그렇게 되고 나니 서로 서먹해지는 건 시간문제였다.

빛나거나 빛을 품거나

초등학교나 중학교를 졸업하면 대부분 비슷비슷하게 상급학교로 진학한다. 그런데 갓 스물이 되어 고등학교를 졸업할 땐 각자의 상황이 많이 달라진다. 원하는 대학교에 진학하는 사람, 재수를 고민하는 사람, 공무원 시험 준비를 하는 사람, 취업하거나 사업을 시작하는 사람, 진로를 결정하지 못해 슬럼프에 빠진 사람 등.

만약 열심히 노력했는 데도 원하는 것을 성취하지 못했다면 힘든 게 당연하다. 나보다 노력하지도 않은 것 같은데 좋은 결과를 낸 친구를 보면 비교되는 것도 당연하다. 문제는 시기심이다. 그리고 자기비하이다. 이런 부정적인 감정에 빠지지 않고 내 상황을 객관적으로 분석할 수 있다면, 그래서 내가 나아질 수만 있다면 비교는 좋은 분석 도구가 될 수도 있다.

앞서나간다고 생각되는 친구를 볼 때 어떤 태도를 가지면 좋을까. 철학자인 프리드리히 니체Nietzsche는 "오래도록 심연을 들여다보면 심연도 너를 들여다본다"라고 말했다. 계속 어둡고 비관적인 생각을 하면 그 기운이 나를 지배하게 된다는 뜻이다.

우리는 누구나 어디에 도착할지 모르는 채 태어난다. 세상에 던져진다. 그 사실만은 평등하다. 그리고 누구나 죽는다. 그 또한 어디에 도착할지 모르는 채로. 지금 성공하지 못한 나는 빛을 품은 별이다. 오래도록 내 안에서 키운 빛이 언젠가는 세상을 비출 그런 별.

역시 나에겐 나밖에 없어

세계 3대 심리학자 중 한 사람인 알프레드 아들러Adler는 어린 시절 병약했고 학업성적도 좋지 못했다. 그는 자신의 결점을 잘 알았다. 그래서 성적을 높이기 위해 열심히 공부했고, 병약함을 극복하기 위해 의사가 되었다. 아들러는 인간이 갖는 열등감을 긍정했다. 자신의 부족한 점을 보상하려고 노력하면서 우월성을 추구하는 게 인생이라고 본 것이다.

돌이켜보면 내가 지금까지 글을 쓰며 사는 것도 열등감을 보상하려는 측면이 크다. 가난이라는 구멍을 메꿀 힘도, 계속되는 좌절을 물리칠 능력도 없던 나는 대신 글쓰기에서 해법을 찾았다. 약간의 교육을 받은 사람이라면 누구나 할 수 있는 읽기와 쓰기를 통해 자괴감, 수치심, 시기심을 물리쳐 왔다. 글을 쓰며 성공을 거머쥔 것도 부를 누린 것도 아니다. 그저 뚜벅뚜벅 걸어갈 수 있는 길이 있음에 감사할 따름이다. 아직 다른 사람과 비교하는 버릇을 다 내려놓지는 못했지만 그래도 괜찮다. 나는 나니까. 나에겐 나밖에 없으니까.

독일어에는 '샤덴프로이데'라는 말이 있다. 남이 불행할 때 은밀히 기뻐하는 심리를 일컫는다. 잘나가던 배우가 추문에 휘말려 추락하는 뉴스가 나올 때, 좋은 직장에 들어간 친구가 업무 때문에 고민할 때, 누군가 값비싼 제품을 샀는데 그게 자주 말썽을 부릴 때. 이런 경우 내 기분이 좋아지는 심리이다. '나는 그 배우처럼 추문에 휩쓸리는 인생을 살지 않아', '좋은 직장이라고 소문난 곳도 별수 없구나', '그러니까 비싼 제품은 무조건 성능이 좋을 거라는 생각을 말았어야지' 등 남보다는 내가 낫다는 생각이 들 때 우리는 샤덴프로이데를 경험하게 된다. 남의 불행을 통해 우월감을 느끼는 것이다.

반대로 '무디타'라는 낱말이 있다. 이것은 남의 잘된 일에 함께 기뻐하는 것을 뜻한다. 걸음마를 못 해서 엉덩방아를 찧던 아기가 마침내 몇 발자국 나아갔을 때, 친한 친구가 합격증을 받았을 때, 잔치가 열려 모든 사람이 즐거워하는 모습을 봤을 때, 스포츠 선수가 우승을 거머쥐었을 때 우리는 기쁘다. 나에게 어떤 이익이 주어지는 게 아님에도 불구하고 이타심이 생긴다. 이때는 누가 열등하고 누가 우월한지 따질 필요가 없다. 모두가 박수치며 기쁨에 참여한다.

'대리만족'이라는 말도 그렇다. 나의 열등감 때문에 이루지 못할 거라고 생각한 것을 다른 사람이 대신 이뤘을 때, 바빠서 누리지 못하는 것을 내가 사랑하는 사람이 누리고 있을 때 대리만족을 경험한다. 샤덴프로이데의 경우와 달리 무디타와 대리만족을 경험하는 사람들은 타인과 연결돼 있다고 생각한다. 자신과 남을 구분해서 우열을 가리지 않는다.

학교와 일터에서 나는 라이벌 의식을 느끼곤 했다. 시기, 질투, 샤덴프로이데 같은 감정이 두루 찾아왔다. 그러나 그런 감정들은 나를 괴롭힐 뿐이었다. 나를 성장시킬 만큼만 라이벌 의식을 가졌더라면 좋았을 것이다. 하지만 라이벌 의식은 적정선까지만 갖기가 어렵다.

한편으론 아무 대가 없이 다른 사람의 행복에 즐거워한 시절도 있었다. 그때는 마땅한 이름을 몰랐지만, 지금 돌이켜보면 대리만족과 무디타를 경험한 것이다. 그 시절은 좋은 추억으로 남았다. 함께한 사람들과는 지금도 연락하고 서로를 진심으로 격려해 준다. 이런 경험들을 통해 나는 '하나됨'의 중요성을 깨달았다. 누구 하나가 계속 선두에 서서 질주하는 것과 동반성장하는 것. 둘 중 어느 것을 선택하느냐에 따라 행복지수가 달라진다.

실패할 순 있지만 좌절이 쌓이게 하진 말자

"직장 운이 없나 봐." 20대 시절 나는 자주 이 말을 했다. 딱히 위로할 말을 찾지 못한 상대방도 같은 말을 반복했다. "넌 직장 운이 없나 보다." 어렵게 회사를 들어간 경우에도 월급이 밀리거나 사정이 어려워졌다. 괜찮은 직장에 들어가기 위해 무역연수원과 직업훈련학교도 다녔다. 그러나 실패는 반복됐다. 물론 나에게 어떤 원인이 있었겠지만, 당시엔 그런 걸 알아볼 안목이 없었다. 지혜가 없었다. 아이들을 키울 때도 몇 가지 일을 해 봤지만 별 소득이 없었다.

글 쓰는 일도 마찬가지였다. 그 일은 묵묵히 쓰며 계속 실패하는 작업의 연속이었다. 가끔 '내가 왜 쓰고 있지?'라는 질문이 찾아왔다. 그럴 때면 슬럼프에 빠졌다. 그러다 어느 날 답을 찾았다. 나는 정점에 오른 적이 없기 때문에 계속 쓰는 것이다. 정답을 찾고 나니 괜히 슬럼프에 빠질 이유가 없었다. 정점에 닿기 위해 도전하는 과정이 나의 글쓰기이므로. 앞으로도 실패는 얼마든 다가와도 좋다. 다가오는 실패 앞에서, 나는 더 이상 내가 좌절하게 놔두지 않을 것이다.

다시는 못 볼 사람, 그게 나다

누군가를 사랑하기가 겁이 날 때가 있다. 마음이 커져 버리면 감당을 못할까 봐, 어느 날 다시 못 보게 되면 내가 무너질까 봐. 그런 사랑의 심정으로 거울 앞에 서서 나를 봐야 한다. 날 때부터 누구보다 애틋하게 나를 사랑해 온 자신을 봐야 한다. 죽는다는 것은 나와의 사별을 의미한다. 예쁘게 생겼든 밉든, 잘났든 못났든 다시는 만날 수 없다는 걸 의미한다. 그런 생각에 닿을 때면 자신의 뺨과 발등을 어루만질 수 있다. 어깨를 토닥일 수 있다. 스스로를 받아들일 수 있다. 나를 먹이고 재우고 깨우고 다독이는 일은 세상에서 제일 중요하다. 그건 나만 할 수 있는 일이니까. 나는 '나'라는 분야에서 가장 탁월한 존재다.

나와 네가 누구인지 알 수 있는 몇 가지 도구

@ MBTI

사람마다 성격은 다 달라. 하지만 비슷한 유형은 있어. 나도 친구도 집순이라면 정신적 에너지 방향이 같은 거야. 다시 말해 둘 다 내향적 인물이란 거지. 그런데 에너지 방향이 같다고 해서 다른 부분도 잘 맞는 건 아냐. 나는 상상력이 풍부한데 친구는 사실적인 사람일 수 있어. 나는 좋은 게 좋다는 식으로 행동하는데 친구는 그런 태도가 딱 질색일 수도 있고. 함께 여행을 갔을 때 성향이 드러나기도 해. 나는 마음에 끌리는 대로 쏘다니는 걸 좋아하는데 친구는 매사 계획대로 진행해야 하는 성격일 수 있지.

인간의 성격 유형을 16가지로 나누는 MBTI 검사는 온라인에서도 쉽게 할 수 있어. 이 검사를 통해 나에 대해서도 알 수 있지만, 상대방이 어떤 사람인지 파악할 수 있다는 장점이 있지. 같은 유형끼리만 통하는 건 아니야. 오히려 반대 성향을 가진 친구끼리 이끌리기도 해. 친구의 MBTI 유형을 알아두면 부딪힐 일도 줄어들 거야. 이건 인간을 이해하게 만드는 도구니까.

@ 에니어그램

인간은 힘의 중심이 어디에 있느냐에 따라 머리 중심형, 가슴 중심형, 장 중심형으로 나눌 수 있대. 머리 중심형인 사람은 생각하고 계획하는 일을 좋아하고 객관적 사실을 중요하게 생각해. 가슴 중심형인 사람은 소통과 사랑을 원하고. 장 중심형인 사람은 독립심이 강하고 건장한 체격을 가졌다고 해.

에니어그램은 위의 세 가지 분류를 기본으로 해서 다시 9가지 유형을 제시해. 완벽주의자, 사교적인 사람, 야심가, 예술가, 사색가, 조화로운 사람, 낙천적인 사람, 그리고 지도자와 평화주의자. 각 유형의 장단점을 생각해 보면 내가 어떤 사람인지 어떤 부분은 보완해야 할지 파악할 수 있을 거야.

@ 빅 파이브 (5요인 모형, OCEAN)

O - Openness 개방성

C - Conscientiousness 성실성

E - Extraversion 외향성

A - Agreeableness 우호성

N - Neuroticism 신경증 성향

빅 파이브 모형을 제시하는 학자들은 앞 페이지의 다섯 요인이 사람들의 성격 차이를 만들어 낸다고 해. 만약 낯선 곳에 가는 게 두렵지 않고 새로운 시도를 잘 한다면 개방성이 높은 거야. 끈기 있게 노력하면 성실성이 높은 거고. 외향성과 우호성은 비슷해 보이지만 달라. 외향성이 높은 사람이 활동적이라면, 우호적인 사람은 타인에게 부드럽게 대하고 진실해. 마지막으로 신경증 성향은 정서적으로 편한지 불편한지에 대한 거야. 신경증 성향이 낮을수록 불안이나 긴장에 시달리지 않는다고 해.

@ U&I 진로탐색검사

진로성숙도와 진로흥미 검사를 통해 내가 나아가야 할 방향을 잡을 수 있어. 진로성숙도 검사를 통해서는 내가 얼마나 이 일에 확신이 있는지, 잘 준비하고 있는지, 독립적인지 의존적인지, 그리고 가족도 나의 진로를 지지하는지를 알아볼 수 있어. 진로흥미 검사를 통해서는 내가 어떤 분야에 종사하는 게 어울리는지도 볼 수 있지. 여기서 진로는 산업기계, 과학, 예술, 자연, 휴먼, 서비스, 사무, 행정/경영, 보호, 신체활동의 10가지 유형으로 제시돼.

라면 하나를 끓여 먹어도

아아, 이런 생활에 만족할 수 있다면 얼마나 좋을까.
나는 문득 그런 생각이 들 때가 있다.
어느 가게 하나를, 구닥다리 물건이 차 있는 윈도우를
고스란히 사들여 개 한 마리와 함께 그 안에서
20년쯤 앉아 있을 수 있다면 하고.

— 라이너 마리아 릴케 Rainer Maria Rilke, 〈삶의 평범한 가치〉 중에서

불고기를 먹고 싶었다, 라면이 아니라

오늘도 라면을 끓여 먹지 말라고 잔소리한다. 그러나 속으론 알고 있다. 나도 아이들도 라면에 의지한다는 걸. 식재료 중 쌀을 빼면 라면만 한 게 없다. 라면은 재미있게 생겼다. 고무줄처럼 탄력이 있다. 파마머리처럼 구불거린다. 분말 스프 봉지 옆구리에 송곳니로 구멍을 내고 빨아먹으면 짭조름하다. 건더기 스프에는 별별 것이 다 들어 있다. 동결건조된 채소, 소시지나 어묵 말린 것, 아주 조그마한 육포 조각이나 콩고기 등. 그것들은 싱싱한 채소나 육즙이 살아 있는 고기, 소시지를 흉내 낸다. 라면은 잘 변한다. 단단하던 면이 끓는 물을 만나고, 쫄깃쫄깃해지고, 마지막엔 푹 퍼진다. 국물 색깔로 한껏 물든다. 끓인 라면을 먹는 동시에 생라면을 씹는 건 개인 취향이다.

그런데 라면의 재미있음도 여기까지다. 엄연히 다른 먹거리가 있을 때 느껴지는 것이다. 정말로 먹을 게 라면밖에 없을 땐 재미없다. 찌그러진 양은 냄비에 수돗물을 받아서 계란도 없이 덩그라니 라면만 삶아 봤다. 하나도 재미없었다. 그때 나는 불고기를 먹고 싶었다.

누구나 좋아하는 음식이 있고 누리고픈 것들이 있다. 랍스터 요리, 명품 시계, 새로 나온 스포츠카, 가족끼리 머리를 맞대고 설계해서 지은 집, 좋은 직업, 사회적 명성 등. 이 세상은 물질로 가득하다. 영적인 것, 정신적인 것은 눈에 보이지 않는다. 그런 것들은 물질 안에 깃들기 때문이다. 슬프지만 당장 눈에 보이는 건 스마트폰, 집, 건물, 옷, 가방 같은 것들이다.

부~자 되세요

"가난은 죄가 아니다." 이삼 십 년 전만 해도 이 말을 들을 수 있었다. 나는 동의하지 않았다. 가난 자체가 죄와 동의어는 아니지만, 가난이 불러오는 죄는 분명 다양했다. 직면하기 껄끄러운 사실이지만 범죄가 자주 발생하는 우범지대는 존재하며, 그곳의 환경은 열악하다. 한편 세기가 바뀌면서 부와 가난에 대한 인식이 확 바뀌는 일이 생겼다. 21세기가 열린 지 얼마 되지 않아 한 CF 모델이 TV에 나와 "부~자 되세요"라고 외쳤다. 그 뒤로 나는 "부~자 되세요"를 일상에서 작별인사로 종종 듣게 됐다. 상대방이 먼저 그 인사를 건네오는 바람에 나도 얼떨결에 고개를 조아리며 "부~자 되세요"라고 말한 적도 있다. 분명 덕담인데 들을 때나 말할 때나 입맛이 썼다. 가난이나 무능을 죄로 취급하는 세상이 씁쓸하게 느껴져서일까. 여전히 "가난은 죄가 아니다"라는 말에 전적으로 동의하지는 않는다. 그러나 부자 되라는 말이 인사말로 남발되는 현실도 슬프다. 만약 한국어를 배우는 외국인들의 책에 작별인사로 그 말이 적혀 있다면?

슬로보핫의 다섯 딸들

기독교 경전인 《성경》에는 재미있는 이야기가 많다. 나는 그중에서 '슬로보핫의 다섯 딸들' 이 등장하는 대목을 좋아한다. 《성경》은 〈창세기〉부터 〈요한계시록〉까지 총 66권으로 구성돼 있는데, 슬로보핫의 딸들은 이 중 네 번째 책인 〈민수기民數記〉에 나온다. 지금으로부터 약 3000년 전, 이스라엘 사람들은 이집트를 탈출했다. 지도자는 모세Moses였다. 그들은 광야를 헤매다 마침내 정착하여 땅을 나누게 되었다. 그런데 이때 슬로보핫의 딸들은 땅을 분배받지 못하게 되었다. 아버지인 슬로보핫이 아들 없이 죽었기 때문이었다.

딸들은 포기하지 않았다. 민족 최대 지도자였던 모세를 찾아가 호소했다. 모세는 기도 끝에 슬로보핫의 딸들이 옳다고 공표했다. 슬로보핫의 딸들은 자신이 가져야 할 몫을 인식하고 주장하고 획득했다. 나는 이 대목을 읽을 때마다 다섯 자매가 머리를 맞대고 고민을 나눴을 모습, 모세가 있는 곳을 묻고 물어 찾아갔을 기나긴 여정, 면담을 위해 사람들에게 부탁을 거듭했을 정황, 그리고 혹시라도 모세가 자신들에게 불리한 판단을 할까 봐 마음을 졸였을 장면들이 떠오른다. 그리고 세상을 사는 동안 필요한 물질적 기반은 무엇일까 고민하게도 된다.

그러고 보면 인간은 '있다be'와 '소유하다have' 사이에서 왔다갔다 하며 사는 것 같다. '없다'는 '있다'의 반대말이지만, '소유하다, 가지다'의 반대말이기도 하다. 이 점을 생각해 보면 참 신기하다. '동생은 집에 없어'와 '나는 지우개가 없어'의 그 큰 차이점을 생각해 보면 말이다.

소유와 공유 그리고 향유

소유 이전에 인간은 존재한다. 존재가 바탕이 되어서 외부의 물질을 획득하는 것이다. 그러나 이 전제가 깨지면 소유를 위해 끝없이 질주하게 된다. 미국 철학자 에리히 프롬Erich Fromm은 소유보다는 존재를 중요시했다. 사용하면 닳아지는 물질을 가지려 애쓸 게 아니라, 저마다 자신의 일에 전념하면서도 원만한 공동체를 이루자고 역설했다. 그렇다고 해서 프롬이 소유를 부정한 것은 아니다. 슬로보핫의 딸들 이야기에서 보듯 살면서 필요한 것들이 분명히 있다. 내가 원하는 소유물이 남보다 적어야 할 이유도 없다. 다만 프롬은 존재의 비중이 적을수록 더 많이 소유하게 되는 악순환을 얘기한 것이다. 이것을 기억하자. 내가 소유한 물건은 그만큼 내 시간을 소비시킨 물건이다.

얼마 전부터 공유 자전거인 따릉이 타기에 재미를 붙였다. 한가한 길목을 좇아 페달을 밟을 때도 있고 도서관에 책 반납하러 갈 때 이용하기도 한다. 따릉이에는 장바구니가 붙어 있어서 간단히 먹거리를 사 오기에도 좋은 수단이다. 따릉이를 타고 지나가는 쇼핑몰의 1층엔 가방 대여점이 있다. 아직 빌려본 적은 없지만 언젠가 근사한 가방을 멜 일이 있을 때 그곳을 이용할 수도 있을 것이다.

시내로 나가면 공유 사무실에서 일하는 후배를 만나곤 한다. 후배는 개인 사무실을 얻을 때보다 시설비용이 적게 들고, 공간을 함께 관리하다 보니 서로 도움이 된다고 자랑했다.

후배를 만나고서 나는 공유 플랫폼과 서비스가 일상에 꽤 깊이 뿌리내리고 있다는 사실을 알게 되었다. 집, 자동차, 값비싼 물건, 책, 가전제품, 옷, 이불 모두가 공유의 대상이 될 수 있다. 공유를 잘 이용하면 저축이 늘어나므로 꼭 필요한 목돈을 마련하는 데도 도움이 된다.

향유는 소유나 공유 기반이라기보다는 존재 기반이다. '나'라는 주체가 향유의 '대상'과 맺는 관계가 중요하다. 물론 값비싼 물건을 소유하는 기쁨도 클 것이다. 하지만 멋진 자동차를 몰고 있지만 갈 곳이 없다면? 근사한 옷을 차려입었는데 집에만 있어야 한다면? 뭔가를 소유하고자 하는 심리의 이면에는 과시욕이 있다.

커피 한 잔을 가까이 하여 향을 즐기는 일, 따릉이를 공유해서 페달을 밟아보는 일, 가질 수도 나눌 수도 없는 꽃을 들여다보는 일. 이 모든 게 향유다. 향유는 자신의 삶을 예술로 대하는 태도인지도 모른다.

팍톨로스 강과 에리시크톤

술의 신인 디오니소스는 미다스 왕의 선행에 대해 듣게 되었다. 바로 자신의 스승인 실레노스를 환대하고 대접한 일이었다. 디오니소스는 미다스 왕에게 소원을 말해 보라고 했다. "제 손이 닿는 것마다 황금이 되게 하소서." 그의 소원은 이뤄졌다. 궁전의 기둥마다 황금 기둥이 되었다. 그의 옷은 손 대는 순간 금실로 짜였으며 사과는 황금 사과, 잎사귀는 황금 잎사귀가 되었다. 그러나 마침내 물 한 모금 빵 한 조각도 황금으로 변해 버리자 그는 자신의 어리석음을 깨달았다. 디오니소스는 미다스 왕에게 기회를 줬다. 팍톨로스 강에서 몸을 씻어 죄를 벗으라는 것. 미다스 왕이 이에 따르자 팍톨로스 강에선 사금이 많이 나오게 되었다고 전해진다.

에리시크톤 왕은 대지의 여신 데메테르도 무시해 버릴 만큼 오만한 사람이었다. 그는 신성한 숲을 파괴했고, 무성한 가지를 드리우며 뭇 생명에 풍성한 은혜를 베풀던 참나무마저 베어 버렸다. 그 때문에 무수한 존재들이 살 곳을 잃고 말았다. 데메테르는 배고픔의 여신 리모스를 시켜 에리시크톤의 핏속에 참을 수 없는 허기의 기운을 불어넣었다. 에리시크톤은 아무리 먹어도 배를 채울 수 없어 모든 소유와 종들과 심지어 자신의 딸까지 팔아 치워 먹거리를 마련했다. 마침내 에리시크톤은 자신의 육체를 먹을 수밖에 없었다. 마침내 위아래 치아만이 남아 음식을 찾아 따그닥거릴 때까지.

미다스 왕과 에리시크톤 왕의 이야기는 탐욕을 경계하라는 교훈으로 가득하다. 그런데 이 두 왕은 결이 다른 인물이다. 친절한 인물이었던 미다스 왕은 개인적인 부유함을 소원했다. 비록 탐욕 때문에 곤욕을 겪었지만, 그는 미덕이 있는 인물이었기 때문에 회개할 기회를 얻었다. 에리시크톤 왕은 다르다. 그는 온갖 생명들과 요정들의 절규에도 귀를 막고 숲을 파괴했다. 오만한 인물이었다. 에리시크톤 왕은 현대 도시 문명의 은유다. 데메테르는 그에게 만족을 모르는 탐욕을 줬다. 그 끝은 가난과 배고픔과 파멸이었다.

인류세라는 지질시대

우리는 약 1만 년 전 시작된 '홀로세'에 살고 있다. 그 전엔 '플라이스토세'였다. 플라이스토세 시대에 땅 위엔 매머드 같은 대형 포유류들이 살았다. 이 시대의 끝에 구석기인들이 동굴에 살며 수렵과 채집 활동을 했다. 그리고 홀로세가 시작되었다. 홀로세가 되자 언 땅이 풀리기 시작했다. 비교적 온화한 기후로 인해 인류가 번영했다. 이 지질시대는 참으로 은혜로운 것이었다. 서기 2000년, 노벨 화학상 수상자 파울 크뤼첸Crutzen은 현대 인류가 더이상 홀로세에 살고 있지 않다고 말했다. 우리가 홀로세에 살고 있지 않다면 대체 어느 지질시대에 살고 있다는 뜻일까? 크뤼첸은 '인류세'라고 말했다. 인류세란 지구가 인류에 의해 크나큰 영향을 받은 시대를 뜻한다. 인류에 의해 자연이 병들고 동식물이 멸종하고 지구 환경이 바뀐 시대를 뜻한다. 단순히 인류가 등장해 자연이 파괴됐다는 뜻이 아니고, 소유와 편의를 위해 무차별적으로 지구를 희생시켰다는 뜻이다. 숲과 신령한 참나무를 없애 버리고 마침내 이빨만 남아 따그닥거리는 에리시크톤처럼.

내 소유물에 스토리텔링을

존재는 필요로 한다, 자신을 지속시킬 수 있는 외부의 것을.

길을 걷다 보면 가끔 휴대폰을 바꾸라는 권유를 받는다. 내 휴대폰이 너무 구식이고 초라해서일까. 한 번은 휴대폰 매장 직원이 자꾸 붙들기에 진지하게 얘기했다. "이걸로 친구들과 대화했고, 직장을 구했어요. 이 안에 저장한 메모를 불러 작업을 했고요. 사진을 찍고 매일 인터넷 뉴스를 봤어요. 제 휴대폰이 망가질 때까지는 계속 사용하려고 해요."

다른 사람의 집이, 자동차가, 옷이 객관적으로 더 좋을 수도 있다. 하지만 내가 사는 집은 우리 고양이도 편히 쉬는 집, 낡은 자동차는 내가 힘들 때 가까운 호수로 데려다준 자동차, 지금 입은 옷은 친한 친구와 함께 고른 원피스. 이렇게 하나하나 스토리텔링을 붙여준다면 그때부터 나의 소유물은 세상에 하나밖에 없는 존재가 된다.

그래도 갖고 싶은 게 많은 나이란 말야

@ 맛있는 과일 고르는 방법

맘먹고 수박을 샀는데 반이나 버려본 적이 있니? 아주 무더운 여름이었어. 과일가게에 갔는데 다른 집보다 수박 값이 싼 거야. 크고 줄무늬도 뚜렷했어. 들고 가려면 땀깨나 쏟겠지만 덥석 집어 들었지. 집에 가서 한나절 냉장고에 둔 다음 칼로 쪼갰어. 그런데 이럴 수가. 검붉게 짓무른 데가 반이나 되는 거야. 물먹은 수박을 사온 거지. 이런 수박은 엉덩이 부분이 누렇게 변해 있는 게 특징이야. 빗물 고인 밭에서 크느라 엉덩이가 물에 불게 된 거야. 그 부분이 오돌토돌할 수도 있어. 참, 수박을 고를 때 똑똑 두드리기보다는 손바닥으로 살살 때려보는 게 나아. 팽팽한 가죽처럼 손안에 진동이 오면서 맑은 소리가 난다면 꿀수박을 고른 거라구.

사과는 종류가 많지. 여름엔 청사과, 초가을엔 홍옥, 추석 무렵엔 양광. 하지만 겨우내 먹는 건 부사 사과지. 부사는 껍질이 좀 티슥티슥하더라도 만져봤을 때 단단한 놈으로 골라야 해. 꼭지를 중심으로 기울어진 타원처럼 생긴 놈으로 고르면 실패가 없어.

방울토마토처럼 팩에 담긴 과일을 고를 땐 밑바닥을 잘 살펴야 해. 팩 안에서 과일이 터져 물이 흐르기 시작했다면 곰팡이도 피기 시작한 거야. 방울토마토의 표면이 쭈글거리는지도 잘 관찰해야 해. 탱탱하고 꽃받침이 뒤로 젖혀진 것이 싱싱하고 맛이 좋아.

@ 중고자동차를 산다면

아직 운전이 익숙하지 않고 수입이 많지 않을 땐 중고자동차를 사는 경우가 많아. 이때 몇 가지 신경 써야 할 일들이 있어. 우선 우리나라는 해마다 장마가 지기 때문에 물에 잠겼던 차가 시장에 나오기도 해. 물론 이런 침수차는 피해야 해. 그리고 자동차를 내놓은 주인이 혹시 자동차 관련 세금을 밀리진 않았는지, 사고 이력은 없는지 잘 따져보고 사야 해.

@ 햇볕과 바람이 통하는 집

남향집이 좋다는 데는 몇 가지 이유가 있겠지만, 낮 시간에 베란다 쪽은 볕을 받아서 따뜻하고 반대쪽은 북쪽이라 시원하니까 바람이 잘 통한다는 장점이 있어. 통풍이 좋은 집은 환기가 잘되고 곰팡이가 슬지 않아. 동향집은 제일 먼저 아침 기운을 받는다는 장점이 있지. 하지만 해가 드는 시간이 짧아서 겨울에 추울 수 있어. 서향집은 늦은 오후부터 저녁까지 볕이 들어와. 겨울엔 해가 낮게 떠서 긴 파장을 갖기 때문에 집안 깊숙한 곳까지 따뜻해. 여름엔 해의 고도가 높아. 그래서 햇빛이 깊숙한 곳까지 들어오진 않지만 다른 방향의 집들보다 더운 게 흠이지. 커튼이나 블라인드를 이용해서 창문을 가려주면 한결 시원하게 지낼 수 있을 거야.

@ 체크카드를 쓸까 신용카드를 쓸까

체크카드는 내 통장에 들어 있는 만큼 결제가 돼. 그러니까 내 지출 내역을 파악하기 쉬워 돈을 함부로 쓰지 않게 되지. 신용카드와 달리 연회비가 없고 소득공제율이 높다는 점도 장점이야. 그런데 살다 보면 입원비를 결제하게 될 수도 있고 값나가는 물건을 살 때도 있잖아. 이럴 때를 대비해서 미리 신용기능을 추가해 놓으면 편리해. 카드사 홈페이지나 고객센터 상담원을 통해 추가할 수 있어. 예를 들어 30만 원을 설정해 두면 내 통장에 10만 원만 있어도 급한 일이 있을 때 40만 원까지 결제할 수 있는 거야.

신용카드는 카드사에서 나에게 부여한 한도만큼 결제할 수 있어. 신용카드를 사용할 땐 카드대금 내는 날을 14일로 정하면 편해. 그러면 전달 1일부터 말일까지 사용한 만큼을 내는 게 돼. 예를 들어 1월 1일부터 1월 31일까지 쓴 돈을 2월 14일에 내게 되는 거야. 카드 사용액에 따른 놀이공원, 카페, 서점 등 혜택은 월별 실적에 따라 결정되니까 그런 점에서도 유리하지. 물론 카드사마다 정책이 다르거나 바뀔 수 있으니까 반드시 확인할 필요가 있어.

그리고 신용카드를 사용할 때 몇 달에 걸쳐 나눠 내는 할부를 선택하면 수수료를 내야 해. 큰 지출을 앞두고 있다면 카드사를 통해 무이자 할부나 수수료 감면 혜택이 있는지 미리 확인하고 신청하는 게 좋아.

할부 결제가 무조건 나쁜 건 아니야. 어떤 경우에는 할부가 유리할 수 있어. 7일 이내에 철회할 수 있는 '할부철회권'을 행사할 수도 있고, 내가 구입한 물품이나 서비스가 계약대로 제공되지 않으면 '할부항변권'을 행사할 수 있어. 특히 헬스클럽 같은 곳에서 몇 개월 분을 미리 내는 경우 할부로 결제하는 경우가 많아. 혹시 폐업할 경우 피해를 최소화할 수 있기 때문이야. 다만 할부철회나 항변권에 대한 카드사 정책이 수정될 수도 있기 때문에 카드사에 문의해서 자세히 안내를 받는 게 좋아.

갑자기 일이 생겨서 이번 달 카드대금을 내기 어려워진 경우에도 카드사를 활용할 수 있어. 일정 금액 이상을 일시불로 결제한 경우 할부로 전환할 수 있거든. 물론 할부 수수료는 들어가지만 한꺼번에 낼 돈을 몇 개월로 나눌 수 있으니까 급한 불은 끌 수 있지. 이런 업무는 며칠 전에 미리미리 해야 해. 카드대금 내야 하는 날 부랴부랴 알아보면 안 돼. 납부일 당일엔 처리할 수 없는 업무들이 있거든.

@ 주식 거래는 어떻게 하는 거야?

관심 있는 주식에 투자하고 싶다면 주식 계좌부터 만들면 돼. 증권사도 은행처럼 영업점을 가지고 있어서 찾기 쉬워. 아니면 은행에서 만들 수도 있어. 창구 직원에게 물어보면 자세히 알려줄 거야. 주식은 주식 계좌에 들어 있는 돈으로 사고 팔 수 있어. 이때 주의해야 할 점은 내가 가진 돈으로만 투자해야 한다는 거야. 특히 증권사에서 빌려주는 돈으로 주식을 사면 안 돼. 주가가 오르면 다행인데 그 주식의 가치가 떨어지면 내 동의 없이 증권사에서 낮은 가격에 팔아 버리거든. 이것을 '반대매매'라고 해. 이때 큰 손해를 입을 수 있어. 이밖에도 내가 가지고 있는 주식이 상장 폐지돼서 하루아침에 내다 팔 수 없게 되는 등 주식시장엔 변수가 참 많아. 그래서 우량주에 분산 투자해야 하는 거지.

@ 보험에 대해

우리가 따로 개인보험을 들지 않더라도 이미 가입된 보험이 있어. 건강보험은 대표적인 예일 거야. 사회에 나와 일하기 시작하면 국민연금, 고용보험, 산재보험에도 가입하게 돼.

개인보험 중 비중이 큰 건 질병이나 사고에 관한 보험일 거야. 종신보험은 가입자가 사망할 경우 유족에게 보험금이 지급되는 상품이야. 종신보험은 평생 보장해 주는 상품이지만 매달 내는 금액이 큰 편이어서, 기간이 정해져 있는 대신 납입액이 적은 정기보험에 가입하는 경우도 많아. 내가 낸 의료비의 90%까지 돌려받을 수 있는 실손의료보험도 있어. 혹시 치료비가 많이 드는 병이 의심된다면 이 보험이 매우 큰 도움이 돼. 질병 관련 보험에 가입하려면 내가 병원을 이용한 이력을 잘 파악해야 해. 계약 전, 어떤 병이 의심된다는 의사의 소견이 있었거나 약을 먹었거나 치료를 받았다면, 보험금을 못 받을 수 있어. 이밖에도 재검사를 받거나 치료, 약 복용, 수술, 입원 관련해서 보험금 지급이 거절될 수 있으니까 정확히 상담을 받고 보험을 들어야 해. 내가 앓는 병에 대해서는 보험사에 알릴 의무가 있기 때문이야. 다만 요즘은 소비자가 불이익을 당하는 경우가 많아 나라에서 제도를 보완하고 있어.

이밖에도 자동차가 있다면 자동차보험에 들어야 하고, 집이나 상가에 화재 보험을 들기도 해. 노후를 위해 젊을 때부터 연금보험에 가입하는 것도 좋아. 보험은 매달 적은 금액을 내서 큰 위험에 대비할 수 있다는 게 큰 장점이야. 하지만 고정적으로 들어가는 비용이기 때문에 내가 부담 없이 낼 수 있는 선에서 가입해야 해.

@ 고정지출을 잘 따져 봐야 해

합리적인 소비와 저축을 위해 가계부를 쓰는 건 권장할 만한 일이야. 가계부는 보통 한 달 단위로 작성하게 되지. 이때 꼭 파악해야 할 것이 고정지출이야. 보험료, 교통비, 통신비, 주택청약 저축액, 관리비, 가스요금 등이 있겠지. 만약 대출을 받았다면 매달 갚아야 하는 원금과 이자도 고정지출이지. 자동차에 들어가는 돈이나 정수기, 공기청정기 등을 렌털하는 비용 등도 마찬가지야.

식비와 의류비 등은 아낄 수 있지만 매달 고정적으로 들어가는 돈은 그럴 수가 없어. 값비싼 제품을 할부로 사거나 렌털 제품을 늘리기 전에 고민해야 하는 이유야. 고정지출 때문에 무리하게 일해야 하면 힘이 드니까.

@ 비상금은 얼마나 있으면 좋을까?

범죄에 악용될 위험 때문에 통장 발급이 어려워졌지만, 가능하다면 은행은 두 곳 이상 거래하는 게 좋아. 자동이체나 이자 납입, 적금 등을 걸어둔 계좌는 내가 모르는 사이 잔액이 부족해질 수 있어서 체크카드 승인이 안 될 수 있거든. 이럴 경우를 대비해 다른 은행 계좌도 열어 두면 좋아. 외부로 이체되지 않는 계좌를 체크카드와 연결해 사용한다면 당황할 일이 줄어들겠지.

살면서 갑자기 생활비가 더 들어가거나 다른 이유로 지출해야 하는 경우가 있어. 이럴 때를 대비해서 평소 생활비의 3배 정도 되는 돈을 비상금으로 마련해 두면 좋아.

@ 빚도 상속된다고?

돌아가신 분의 빚을 물려받아 힘들어하는 경우가 드물지 않다고 해. 만약 고인의 재산도 빚도 다 물려받지 않고 싶다면 상속포기를 하면 돼. 그런데 이 경우 고인의 배우자, 자녀뿐만 아니라 조카 등의 친족이 포기 신청을 해야만 빚을 물려받지 않아. 만약 고인이 돌아가신 걸 몰랐거나 제때 상속포기 신청을 못 한 경우, 전혀 예상치 못한 친척이 빚을 떠안을 수 있어. 그래서 이런 문제 때문에 상속포기 대신 한정승인이라는 제도를 이용하는 경우가 많아. 한정승인은 고인의 재산에 한정해서 빚을 갚는 거야. 만약 고인에게 1억의 재산이 있고 2억의 빚이 있다면, 1억만 갚고 나머지 1억의 빚은 상속되지 않는 거지.

@ 주택청약통장에 대해

새로 짓는 아파트를 분양 신청하고 싶다면 청약통장이 있어야 해. 청약통장은 신한은행, 국민은행, 우리은행 같은 제1금융권 은행에서 만들 수 있어. 매달 2만 원씩 내도 가능하지. 2018년부터는 이자가 높고 일정 기간 유지하면 세금도 내지 않는 '청년 우대형 주택청약 종합저축'도 가입할 수 있게 됐어. 가입조건이 된다면 관심을 가져 보는 게 좋겠지.

아파트는 국민주택과 민영주택으로 나뉘어. 국민주택은 정부기관이나 공공기관, LH한국토지주택공사에서 짓는 집이야. 국민주택을 신청하려면 청약통장을 개설해 매월 10만 원씩 꾸준히 납부하는 게 좋아. 국민주택의 경우 저축총액이 많은 사람이 유리하거든.

민영주택은 건설회사에서 짓는 집이야. 국민주택보다 비싸게 분양되는 편이지만 그렇다고 해도 청약 경쟁률이 높아.

주택 분양을 신청할 때는 집 없이 지낸 기간, 부양가족의 수, 청약통장 유지 기간 등을 따져 점수를 합산하게 돼. 그러므로 한 번 통장을 만들었다면 해지하지 말고 가지고 있는 게 좋아.

@ 외화 통장 금 통장

은행에서 외화 통장을 개설하면 달러, 유로화, 엔화 등 외국의 돈을 저축할 수 있어. 예를 들어서 달러가 1,100원일 때 사서 통장에 두었다가 1,300원이 되었을 때 판다면 차익을 얻을 수 있겠지. 외화 통장은 이렇게 환차익을 거두기 위해 개설하는 게 보통이야. 해외여행을 계획하고 있을 때도 유용하지. 환율이 낮을 때 외화를 저금했다가 통장과 연결된 체크카드를 가지고 출국하면 실속있고 편리해. 금에 투자하고 싶다면 은행에서 금 통장을 만들 수 있어. 외화 통장과 금 통장은 투자에 성공할 수도 있지만 실패할 수도 있기 때문에 주의 깊게 선택해야 해. 그리고 예금자보호법에 적용되는지도 꼭 알아보고 가입해야 해.

마음은 최상의 재료를 찾아 가꾸기

바람이 분다, 살아야겠다

— 폴 발레리 Paul Valery, 《해변의 묘지》 중에서

내 마음에 붙인 라벨

트라우마라고 했다. 과거에 겪은 압도적인 사건. 어린 시절 철길 근처에서 본 몇 개의 끔찍한 장면이 불쑥불쑥 의식의 표면으로 올라왔다. 그 장면들은 어른이 되고도 한참 지난 시점까지 나를 삼키곤 했다. 두렵게 만들었다. 그러나 어찌 되었든 나는 걸어가야 했다. 트라우마를 가진 채로, 그것이 옅어지기를 기대하면서. 하지만 예전에 겪은 무서운 일들은 일상의 스위치를 건드릴 때 소리 없이 증폭됐다. 눈앞에 상영되는 1인용 공포영화였다. 피하려 하면 할수록 집요하게 들러붙고 펼쳐졌다. 그럴 때마다 나는 제어할 수 없는 기계 같았다.

지긋지긋한 트라우마는 없어지기는커녕 살면서 또 생겨났다. 공개적으로 치욕적인 일을 당하거나 배신을 당하거나 공적 사적인 일로 거절당하거나. 속수무책으로 과거의 사건들에 휘둘리며 살았다. 그러다 어느 날 깨달았다. 트라우마라는 말에는 엄청난 힘이 있는데 마음만 먹으면 그 말에서 힘을 빼 버릴 수도 있다는 사실을. 트라우마라고 부를 게 아니라 그냥 나쁜 경험이라고 부르는 순간 그것들이 나에게 미치는 영향은 줄어들고 점차 미미해진다는 것을. 나는 과거의 뼈아픈 경험들을 원하지 않았지만 겪게 되었다. 불운한 일이지만 내 책임은 아니다. 그렇다면 나의 과거를 뒤흔든 경험들이 지금의 나까지 좌지우지하도록 둘 수 없다.

옷이나 가방 등에 붙은 라벨은 그 상품에 대해 잘 설명해 준다. 라벨을 통해 섬유 조성비율이나 세탁 방법, 주의사항 등을 알 수 있다. 라벨에 기재된 사항을 잘 알아두면 그 물건과 오래 함께할 수 있다. 하지만 사람에 붙은 라벨은 쓸데없는 경우가 많다. 누군가 내게 '잘 웃는 사람'이라는 라벨을 붙였다고 치자. 그러면 나는 모든 사람에게 서비스 마인드로 웃어야 하나. 누군가 내게 '인기 없는 사람'이라는 라벨을 붙였다고 하자. 그러면 나는 언제까지나 매력 없고 분위기 낼 줄 모르는 사람으로 살아야 하나. 사람에 붙은 라벨이 쓸데없듯 내가 원치 않는 라벨과 꼬리표는 중요하지 않다. '트라우마'라는 용어가 그렇듯.

불안이라는 크레바스

추운 날 길을 나설 때면 히말라야 등반가들을 생각하게 된다. 나는 한때 네팔에 있다는 안나푸르나 하얀 봉우리에 오르고 싶었다. 거센 눈보라를 뚫고 마침내 빙벽을 마주하는 기분이란 어떤 것일까. 지금껏 근교에 있는 산봉우리도 가 본 적 없는 나로서는 상상으로만 경험해 볼 뿐이다. 상상. 그래, 사실 나는 안나푸르나에 가고 싶지 않은지도 모른다. 빙하의 갈라진 틈서리인 크레바스를 건널 용기가 없을지도 모른다.

불안은 크레바스다. 내려다보는 순간의 아찔함이다. 오래전 나는 출렁 다리를 건넌 적이 있었다. 앞서 건넌 사람들이 앞만 보고 걸어오라고, 내려다보지 말라고 열심히 응원해 줬다. 하지만 발을 헛디딜까 봐 밑을 보고 말았다. 그 순간 아래로 추락했고, 물이 깊진 않았어도 옷을 다 적셨다. 어릴 때는 철봉이나 구름다리에서 잘 떨어졌다. 그때도 밑을 봐서였다. 이 나쁜 기억들은 쉽게 퇴치되지 않고 있다. 불안의 크레바스를 잘 건너려면 밑을 보지 말고 두 눈을 목적지에 둬야 한다. 발을 헛디딜까 걱정할 시간에 출렁다리의 밧줄을, 철봉의 대를, 구름다리의 가장자리를 꼭 붙들어야 한다. 빙하의 갈라진 틈을 그 아찔함을 내려다보지 말아야 한다.

추운 날, 부지런한 등반가들이 나 대신 안나푸르나 정상에 오르는 걸 상상하면 기분이 좋아진다. 만약 내가 네팔에 갈 기회가 생긴다면 등반가들과 산을 오르는 대신 베이스캠프를 지키고 싶다. 담요를 둘러 바람을 막고 커피를 준비하고 물을 데워 등반가들의 시린 손에 부어주고 싶다. 그들의 이야기에 귀 기울이고 싶다. 마주 웃으며 손뼉을 치는 동안 밤이 올 것이다. 다시 크레바스를 건너 산정상으로 향할 힘이 생겨날 것이다.

언젠가는 정말 안나푸르나의 베이스캠프를 지키고 싶다.

프시케와 사이키

'영혼'이라는 뜻의 프시케Psyche는 사랑의 신 에로스의 아내다. 그녀는 종종 등불을 손에 든 여인으로 그려진다. 신화에 의하면, 시어머니의 질투 때문에 어둠 속에서만 남편을 만나야 했던 프시케는 호기심 때문에 실수를 저지르고 만다. 절대 모습을 보려 하지 말아 달라는 남편의 부탁을 어기고 등불로 비춰본 것이다. 기름이 에로스의 어깨에 떨어지고 둘의 사랑은 깨지고 만다. 그러나 프시케는 끝까지 포기하지 않고 사랑을 회복한다.

psyche프시케를 영어식으로 읽으면 '사이키'가 된다. 심리학을 뜻하는 '사이콜로지psychology', 심리학자를 뜻하는 '사이콜로지스트psychologist' 등은 영혼을 다해 에로스를 사랑했던 프시케에서 나왔다.

너의 노래에서 소울이 느껴져

정성을 기울이면 그 영혼soul이 대상으로 들어가는 것 같다. 영혼이 담긴 연주, 영혼이 담긴 시, 영혼이 담긴 도자기와 그림과 조각품, 영혼이 담긴 노래……. '조상의 얼이 담긴'이라는 수식어도 마찬가지 맥락으로 읽힌다. 자수를 놓은 옛날 옷, 아끼던 패물이며 구식 가구들.

어느 날 친구가 무릎을 끌어안고 앉아서 노래를 불렀다. 정말 듣기가 좋아서 말해 줬다. 네 노래에서 소울이 느껴져. 친구는 자신이 음치라며 어색하게 웃었다. 하지만 비결이 있다며 이렇게 말했다. 나는 늘 멜로디 하나, 박자 하나까지 마음을 다 기울여 노래 부르거든.

영혼으로 연결된 사람을 소울 메이트라고 한다. 나에게는 소울 메이트가 없다. 어쩌면 있는데 알아채지 못하는지도 모른다. '소울 메이트'라든지 '영혼의 동반자'와 같은 용어는 아무래도 상관이 없다. 내가 정성을 다한 사람이 있다면, 그가 어디에 있든지 내 '영혼이 담긴' 사람일 것이므로.

유리 멘탈 관리법

“거북이 때문에 놀랄까 봐 지레 숨을 못 쉬어서 죽었어.” 어느 날 퇴근하는데 아이들끼리 하는 소리가 들려왔다. 나중에 알고 보니 마음 약하기로 소문난 물고기, 개복치 키우는 게임을 하다가 나눈 얘기였다. 검색엔진에 개복치를 입력해 봤다. 나보다 서너 배 몸집이 큰, 거대한 어류였다. 아니 이게 뭐야. 피식, 웃음이 났다. 한편 극도로 부서지기 쉬운 멘탈을 가진 개복치에 대한 애정이 생겨났다.

멘탈은 정신력, 판단력, 사고력을 뜻한다. 중학교 시절 우리 반에는 전교 1등을 놓치지 않는 친구가 있었다. 그 친구는 미술 시간에 붓글씨로 ‘정신일도 하사불성精神一到 何事不成’을 멋지게 써 내려갔다. 한문의 뜻은 몰랐지만, 그가 존경스러웠다. 나중에 알고 보니 ‘정신을 모은다면 어떤 일을 못 이루겠는가’라는 뜻이었다. 더 나중에 알게 된 건 ‘정신일도 금석가투精神一到 金石可透’라는 표현도 있다는 거였다. ‘정신을 모으면 쇠나 돌도 뚫을 수 있다’라는 뜻이다. ‘호랑이에게 물려가도 정신만 차리면 산다’라는 속담이 생각나는 순간이었다.

문제는 내가 유리 멘탈을 가졌다는 것이다. 쇠붙이도 뚫어버리는 정신력은 발휘해 본 적이 없다. 물론 개복치보다는 낫다. 다시 개복치를 생각하니 애정이 솟구쳤다. 그러고 보면 사람들은 자신보다 연약한 감성을 가진 대상을 사랑하는 것 같다.

멘탈을 강하게 단련하는 것도 중요하지만 유리 멘탈을 가졌다고 해서 낙담할 일만도 아니다. 또 한 가지, 정신력이 약하다는 것을 꼭 '유리 멘탈'이라고 표현할 필요는 없다. 유리는 비유일 뿐이지 정말로 마음을 이루는 재료는 아니므로. 앞으로는 '깨지기 쉬운 멘탈'로 바꿔 말해야겠다. 그렇게 바꾸는 것만으로도 정신을 한 번 모은 느낌이 든다. 멘탈이 깨지지 않도록 주의를 기울여야겠다고 다짐하게 된다.

마인드 컨트롤

'마인드'는 사고방식을 뜻한다. "너는 공부에 대한 마인드가 남달라"가 그 예이다. 마인드에는 '신경을 쓰다'라는 뜻도 있다. "Mind your business"는 "네 일에나 신경 써", "내게는 간섭 마"란 표현이다. 창문을 열고 싶어 물어볼 때도 'mind'가 들어간다. '창문을 열면 신경 쓰이시겠습니까?'라는 표현으로.

신경을 쓰는 건 주의를 기울여 살피고 돌보는 것이다. 신경이 쓰이는 건 불편하고 거슬리는 것이다. 신경질이 난다는 건 별일도 아닌데 쉽게 불편함을 느낀다는 뜻이다. '신경'은 이렇듯 좋은 표현과 나쁜 표현을 아우른다. 정신이 산만하고 흩어져 있으면 신경질이 나기 쉽다. 이럴 땐 정신을 가다듬을 필요가 있다. 마인드 컨트롤을 해야 한다. 마음은 자동차 같아서 내가 운전대를 잡지 않으면 어디로 질주할지 모르기 때문이다.

명상하기, 좋은 음악 듣기, 낮은 목소리로 대화하기, 그림을 그리거나 글을 쓰기. 이런 활동은 흩어진 정신을 가다듬기에 좋다. 행복 호르몬인 세로토닌이 분비된다. 최근에 나는 집 근처에 있는 철길

공원으로 자주 산책간다. 그곳에서 오래 걷는 사람들은 대부분 차분한 것 같다. 정신을 모아 보기가 쉬운 상태인 것 같다. 그들 틈에 슬쩍 섞여 사람의 행렬을 이루다 보면 기분 좋은 방향성이 생긴다. 신경질적 성향이 누그러진다.

스트레스와 콤플렉스

"아, 스트레스 받아!" 어느 날 정신을 차리고 보니 나는 이 말을 반복해서 하고 있었다. 일이 밀렸는데 빨래와 설거지 거리가 너무 쌓여 있어서였다. 순간 멈칫했다. 빨래와 그릇들이 내게 스트레스를 줄 만한 존재인가. 게다가 생각해 보니 스트레스는 외적인 상황에서만 오는 것은 아니었다. 갑자기 머리카락이 한 주먹씩 빠진다든지 하는 내 몸의 이유로도, 걱정과 불안이 많은 마음 상태 때문에도 왔다.

스트레스를 전혀 받지 않고 살 방법은 없다. 그러나 그것의 크기나 정도의 차이는 분명히 있다. 스트레스는 나, 또는 남이 쥐고 흔드는 마음이다. 이것이 클 땐 작게 부숴서 감당할 만한 크기로 만들어야겠다. 그게 스트레스 관리법인 것 같다.

나는 운동을 좋아하지 않는다. 정확히 말하면 땀 흘리고 붉어진 내 얼굴이 맘에 들지 않는다. 누가 배드민턴이라도 치자고 하면 슬금슬금 피한다. 손도 그렇다. '고생을 많이 한 손'이라는 평가를 두루 받기 때문에 악수하는 순간을 피하고 싶다. 그러고 보면 머리가 그다지 좋지 않은 것도, 변변한 직업이 없는 것도 콤플렉스다. 나는 콤플렉스를 느낄 때 스스로를 부끄럽게 여긴다. 어른답게 부딪히고 싶지가 않고 어린아이처럼 숨고만 싶어진다. 이런 상태가 계속되면 영원히 아이로 남고 싶어 한다는 '피터 팬 콤플렉스'로 굳어질 것이다. 그렇게 됐을 때 유익한 점은 무엇인가. 내가 나를 부끄럽게 생각한다는 건 부끄러운 일이다. 콤플렉스가 강할수록 내가 만든 마음의 감옥은 견고해진다.

자존감이 낮다는 증거

인터넷에서 자존감 테스트를 했는데 결과는 역시 낮게 나왔다. 게다가 테스트를 제공한 사이트가 성형외과 홈페이지인 것을 알게 됐다. 내 얼굴이 미운 것을 성형외과에서 어떻게 알았지, 중얼거리며 오랜 고민 사항인 쌍꺼풀 수술을 검색해 봤다. 결론은 그냥 눈화장으로 커버하자는 쪽으로 났지만, 거울을 보니 고치고 싶은 데가 한두 군데가 아니었다. 거울을 제자리에 돌려 놓고 생각해 보니 이게 바로 자존감이 낮다는 증거였다. 애초에 성형외과에서 나에게 표적광고를 했을 리도 없지만, 했다고 해서 어쩔 것인가. 생각해 보면 성형외과에서 일한다고 해서 모두 훌륭한 외모를 가진 것도 아니다. 중요한 건 나에 대한 믿음과 사랑이다. 그것을 회복해야 한다.

자존감은 '자아존중감自我尊重感'의 줄임말이다. '존尊'은 '높이다', '우러러보다'라는 뜻이다. 나를 높은 자리에 두고 존중하고 믿으라는 것이다. 선택의 기로에서 어떤 것을 골랐을 때 "그래, 네가 판단한 거니까 그게 옳을 거야. 열심히 해"라고 자신에게 말해 주는 것이다. 차려입고 나설 때 "오늘 멋있네. 좋은 시간 보내"라고 얘기하는 것이다. 좋지 않은 결과를 받아들여야 할 때 "힘들 테니 지금은 쉬어. 그쪽과 너와는 추구하는 게 달라서 어긋났을 뿐이야. 기운이 날 때 다시 도전해 보자"라고 다독이는 것이다.

'중重'은 '무겁다', '중요하다'라는 뜻이다. 중요한 것은 우선순위에 놓인다. 다른 사람들과의 관계 속에서 그들을 배려하되 나의 입장과 마음의 소망을 저버리면 안 된다. 누군가 무리한 부탁을 하면 "미안하지만, 여력이 없어"라고 말하기. 만날 때마다 나를 무시하거나 가볍게 여기는 사람과는 정중히 절교하기. '친구 마케팅'에 동원할 때만 연락하는 친구의 말엔 귀 기울이지 않기.

준비물 : 마음

마음은 종종 주어가 된다. 마음이 가다. 마음이 커지다. 마음이 아프다. 마음이 따뜻하다. 마음이 흔들리다. 마음이 예쁘다/밉다. 마음이 청결하다. 마음이 부서지다.

목적어도 된다. 마음을 먹다. 마음을 주다. 마음을 다스리다. 마음을 받아들이다.

그리고 마음은 어떤 곳이나 대상도 된다. 마음에 들다. 마음에 새기다.

《성경》의 잠언 4장 23절 말씀은 다음과 같다. "그 무엇보다도 너는 네 마음을 지켜라. 그 마음이 바로 생명의 근원이기 때문이다." 불교에서는 눈코입귀, 몸, 뜻으로 감각하는 일이 마음에 온갖 번뇌를 일으킨다고 설파한다. 앞에서 살펴봤듯 마음은 주체도 대상도 된다. 목적도 되고 방향이나 장소도 된다. 마음은 몸이 없기 때문에 멋대로 굴 수 있다는 게 문제다. 하지만 바로 그 점 덕분에 한계가 없다. 갓 스물의 마음을 어떻게 준비하고 키울까. 고민해 볼 일이다.

희노애락애오욕

한동안 나의 정서 표현은 '대박'과 '짜증 나' 뿐이었다. '너무 기쁨'과 '아주 불쾌함'만 있었다. 이 사이에 있는 미세한 정서를 알아채지 못하다 보니 삶은 거칠고 건조해졌다. '희노애락애오욕喜怒哀樂愛惡慾'은 사람이 갖는 7가지 감정이다. 기쁨, 화남, 슬픔, 즐거움, 사랑함, 미워함, 욕심냄이다.

여기서 더 많은 가지를 쳐 볼 수도 있다. 반가워서 기쁠 때도 있고 선물을 받아서 기쁠 때도 있을 테니까. 사랑의 마음이 싹트는 단계도 있겠고 한시도 잊지 못하는 단계도 있을 테니까. 그때그때 느끼는 감정을 다양하게 표현할 줄 알게 되면 나에 대해 잘 이해할 수 있고 생생한 일상을 보낼 수 있다. 바로 이렇게 : 나는 지금 글을 쓰고 있어서 기쁘고 즐겁다.

마음의 텃밭에 물 주기

@ 마음을 구성하는 작은 성공들

'성공'엔 여러 가지 뜻이 있겠지만 보통은 '원하는 것 이루기', 그러니까 소원성취를 의미할 거야. 살다 보면 내가 원하는 일이 이뤄질 때도 있고 그렇지 못할 때도 있어. 그런 일을 겪을 때마다 기뻐했다가 슬퍼했다가 한다면 마음의 균형이 깨지겠지. 사람에게는 뭔가를 얻거나 이루려는 욕망이 있어. 그런 소망이 있어. 이것들이 내내 무시되면 좌절의 늪에 빠지기도 해. 작은 성공은 '나의 마음'이라는 집을 만드는 벽돌 같은 거야. 내가 나에게 줄 수 있는 선물이야. 세상은 내게 성공을 주기도 하고 안 주기도 하지만, 나는 작은 일들에 성공할 수 있어. 일기 쓰기, 운동하는 습관들이기, 예쁜 꽃나무 키우기 등은 바로 시작할 수 있는 작은 일들의 예야.

@ 잡담 또는 스몰토크

사람들과의 관계 때문에 스트레스 받을 때면 할머니의 툇마루를 떠올리곤 해. 어린 시절, 동네 할머니들은 툇마루에 모여 앉아 콩나물을 다듬곤 하셨어. 지금이야 콩껍질 없이 말끔하게 세척된 콩나물이 나오지만, 예전엔 그렇지 않았거든. 집안일이 끝도 없이 이어지는 가운데 할머니들의 대화는 끊어지지 않았어. 얘깃거리들은 콩나물 줄기만큼이나 소소했어. 어느 둑길에 가 보니 미나리가 파랗게 자랐더라, 누구네 누렁이가 밥을 안 먹어서 큰일이다, 꽃 피면 경운기 타고 앞산에 놀러 가자 등등. 할머니들의 이야기 소리는 끝이 없었어. 그리고 할머니들 사이에는 큰 갈등이 생기지 않았지.

원만한 인간관계를 원한다면 미리 잡담을 준비할 필요가 있어. 편의점에서 군고구마 사 먹은 얘기, 중고시장에서 안 쓰는 물건 판매한 얘기, 엘리베이터에서 만난 이웃집 꼬마 얘기 등. 몇 가지 준비해서 나간다면, 둘이서 멀뚱멀뚱 얼굴만 보고 있다가 갑자기 지난번 서운했다고 말해서 다투는 일들을 줄일 수 있을 거야.

부담 없는 소재로 대화를 나눌 수도 있어. 날씨, 소소한 정보 등은 좋은 예가 될 거야. 공통의 관심사면 더욱 좋겠지. 작고 사소해 보이는 소재로 말 걸기, 스몰토크는 진지한 대화나 협상으로 들어가는 통로가 되기도 해. 마음을 주고받을 수 있는 따뜻한 말을 걸어 본다는 것, 그건 연마할 가치가 있는 기술이야.

@ 가스라이팅 경계하기

'대체 왜 저걸 자랑이라고 하는 거지?' 친구가 늘어놓는 얘기를 들으며 의아했어. 몇 년 전 결혼한 언니와 형부 이야기에 열을 올리는 친구는 뭔가 잘못 판단하는 게 분명했지. 형식은 자랑인데 내용은 그게 아니었거든. 그에 따르면 형부는 언니가 현실 때문에 불편을 겪게 하지 않으려고 적극적으로 노력하는 사람이었어. 언니는 은행이나 관공서를 들를 필요가 없었어. 아기 분유나 옷을 사는 일도 회사 다니는 형부의 몫이었으니까. 급하거나 곤란한 일이 생길 때 언니는 형부부터 찾았지.

나도 친구의 언니 부부를 본 적이 있었어. 한눈에 보기에도 다정하고 행복해 보이는 부부였지. 그러나 얼마 후 두 사람이 헤어졌다는 소식을 들었는데, 이때 친구는 지금까지 칭찬해 왔던 것과는 달리 형부를 비난했어. 한마디로 결혼 생활 내내 언니를 아무것도 할 줄 모르는 사람으로 만들어 왔다는 것이었어.

가스라이팅은 상대에 대한 심리적·환경적 지배와 조작을 뜻해. 물론 처음 당할 때 이를 눈치 채는 경우는 별로 없을 거야. '너는 거짓말쟁이다', '한심한 놈 같으니라고' 따위의 부정적인 언급도 가스라이팅이지만, '내가 다 해 줄게 넌 아무것도 하지 않아도 돼', '저번처럼 또 실패하면 어떻게 하니?', '나만 믿고 따라와'와 같은 말은 가스라이팅이라고 생각하기 힘들어. 그러나 상대를 자기 위주로 판단하고 규정지어 특정한 언행을 반복함으로써 독립을 막는 것은 정서 학대 행위야. 가스라이팅을 당해서도 안 되겠지만, 혹시 내가 가까운 사람에게 지배력을 행사하는 건 아닌지 경계하고 주의해야 해.

@ 이해할 수 없는 사람이 있다면

자신만 사랑하는 나르시시스트, 이익을 위해 양심을 저버리는 소시오패스, 남들과 어울려 살기에는 정신적으로 결핍이 있는 사이코패스. 이 사람들의 공통점은 '공감 능력 없음'이라고 해. 보통의 사람들은 나와 남의 마음과 상황을 이해할 줄 알지. 이것은 공감 능력으로 이어져. 그렇다면 결국 공감이란 나와 다른 사람을 이해하는 데서 출발하는 거지.

만약 오해가 생긴다면 관계는 어떻게 될까. 아무리 생각해도 이해할 수 없을 때는? 공감과 교감에 실패하고 사이가 멀어지겠지. 죄책감이 들 수도 있을 거야. 하지만 이 세상 모든 존재가 그렇듯 나와 타인도 완벽히 이해될 수는 없어. 사람을 공부하는 일도 사실은 평생 하는 거야. 어떤 사람이 나와 맞고 어떤 사람은 그렇지 않은지를 아는 것도. 그러니 나를 괴롭히는 관계에 대해서는 거리를 두기. 조금이나마 이해될 때까지, 혹은 내가 괴롭지 않을 때까지.

비로소 나의 이십 대가

내가 신이었다면 나는 청춘을 인생의 끝에 두었을 것이다.

— 아나톨 프랑스 Anatole France

인생은 7 곱하기 10

아테네의 정치가이자 시인인 솔론Solon은 인간의 생애를 7년 단위로 나눠 설명했다.

7세까지는	젖니가 빠지고 영구치가 나는 시기
14세까지는	성장하는 기간
21세는	다 커서 어른의 티가 나는 때
28세까지는	힘과 능력을 발휘할 만한 일을 찾는 기간
35세까지는	가정을 돌보고 자식을 키우는 기간
42세까지는	인격이 원숙해지고 어리석음이 사라지는 기간
49세부터 56세까지는	지혜와 언어능력이 최고조에 달하는 기간
63세까지는	비록 능력이 약해지더라도 마음은 온유해지는 시기
70세는	죽음이 오는 게 두렵지 않은 때

한 번만 딸 수 있는 옥수수

비문명권의 성인식 이야기를 들을 때마다 전율이 흐른다. 극복해야 할 자연조건을 가진 부족, 사방이 적들에 둘러싸인 부족일수록 고통스러운 성인식을 치러야 어른이 된다.

아마존강에는 덩치 큰 소까지도 공격해서 뜯어먹는 어류인 피라니아가 살고 있다. 예전에 이곳 주민들은 치아를 날카롭게 갈아서 피라니아처럼 뾰족하게 만드는 성인식을 치렀다고 한다. 처음엔 이런 의식을 이해할 수 없었는데 '기억'이라는 낱말을 떠올리면서 고개를 끄덕이게 됐다. 피라니아처럼 뾰족한 이빨을 보여줌으로써 그곳은 위험이 많은 곳이라는 사실을, 사랑하는 가족을 지키기 위해서는 날카로운 무기로 적을 물리쳐야 어른이라 할 수 있음을 서로 일깨워 준 것이다.

아프리카에 사는 마사이족 남자들은 성인식을 위해 사자 사냥을 했다. 이때 최고의 전사로 인정받는 사람은 사자의 머리가 아니라 꼬리를 잡은 사람이었다. 나는 이 부분도 의아했다. 왜 머리도 앞발도 배도 아닌 꼬리일까. 그러다 고양이를 관찰하며 알게 되었다. 고양잇과 동물들은 움직일 때 꼬리를 휘두름으로써 넘어지거나 균형을 잃지 않도록 스스로 보호한다. 같은 고양잇과인 사자도 마찬가지일 것이다. 마사이족 최고의 전사는 사자의 꼬리를 휘어잡아 균형감각을 없애 버림으로써 동료들이 안전하게 사냥하도록 도왔다. 마사이족의 어른들은 성인식의 기억을 평생 가지고 살았을 것이다. 동료를 위해 주고 협동했던 사자 사냥의 기억을.

힘겨운 분투보다는 지혜를 강조하는 성인식도 있다. 옥수수 밭에 가서 가장 좋은 열매를 가지고 돌아오는 성인식이 그 예다. 일단 밭에 들어가면 '아까 보았던 옥수수가 좋았는데……' 하며 되돌아갈 수 없다. 이미 딴 옥수수가 있다면 다른 것과 바꿀 수도 없다. 초반에 멋진 놈으로 골라서 딴 사람은 그 밭을 통과할 때까지 더 좋은 열매를 보며 후회도 하겠지만 자신의 선택을 번복할 수 없다. 마지막까지 고르고 고른 사람은 밭의 끝에 이르러 결국 기대에 못 미치는 옥수수를 따게 된다. 이 모든 경우는 어떤 선택을 하든지 모두 한 번만 딸 수 있다는 점에서 같다.

타임 슬립
그 시간으로 미끄러져 들어간다면

과거나 미래로 간다는 설정은 이제 낯설지 않다. 주로 19세기에 활동했던 미국 소설가 마크 트웨인Mark Twain 작품 중엔《아서 왕 궁전의 코네티컷 양키》가 있다. 최초의 타임 슬립 작품으로 평가받는 소설이다. 이야기 속 주인공은 과거 중세시대로 돌아가 과학지식과 현대인의 지혜를 동원해 위기 상황을 돌파하고 큰 인물이 된다.

이 소설에서 보듯이 사람들은 미래보단 과거로 돌아가고 싶어 하는 것 같다. 지금의 나는 과거의 자신보다 현명하다고 믿어서일 것이다. 시간을 되돌릴 수만 있다면 과거의 실수를 바로잡고, 지금 내가 알고 있는 복권번호를 불러 당첨시키고, 수능 시험에서 만점을 받도록 만들 수 있다는 믿음. 과거로 돌아가려는 목적은 하나다. 현재의 내가 잘 살도록 하려는 것. 반면 미래로 이동한다는 설정은 많지 않다. 현재의 내가 미래의 나에게 해 줄 수 있는 것이 없기 때문일 것이다. 지금보다 늙은 나를 봐야 하기 때문일 것이다.

타임 슬립을 일생에 단 한 번 경험할 수 있다면 어느 시점이 좋을까. 과거로 가서 운명을 바꿔 볼까, 미래의 나에게로 가서 열심히 살아 고맙다며 손을 잡아 줄까, 아니면 스무 살의 나에게 운명의 열쇠를 맡긴 채 계속 열심히 살아 볼까.

타임 루프
스무 살이 반복된다면

프로그래밍 용어인 '무한루프'는 특정한 작업만 반복하는 상태를 의미한다. 무한루프는 일상에 비유되곤 한다. 스무 살에는 일상도 빛날 수 있다. 하지만 모든 스무 살의 날들에 다 그렇게 살 수 있을까. 만약 나이든 내가 우연히 타임 루프에 들어가게 돼서 스무 살로 산다면 어떤 기분일까. 일상을 어떻게 구성하면 좋을까. 쉽게 상상할 수 없다면 열 살의 나이로만 사는 일에 대해 생각해 보자. 초등학교 3학년인 그 나이의 삶을. 그건 어떤 생활로 구성될까. 학기와 방학의 무한루프, 밥과 간식의 무한루프, 학원 생활의 무한루프. 아니다, 이런 일들을 기계적으로 반복하느라 열 살이라는 나이를 소비할 수는 없다. 그렇다면 열 살이란 나이를 잊어야 한다. 그 대신 호기심, 의욕, 우정, 놀고 싶음을 떠올려야 한다.

스무 살도 마찬가지다. 그 나이만 갖는 빛남, 불안함, 기회, 그리고 떨림을 온전히 누리려면 스물이라는 숫자를 잊어야 한다. 스무 살에 누군가는 진학을, 누군가는 취업을, 또는 사업을, 혹은 입대를 한다. 그리고 자신의 상황에 맞는 일상의 루프에 갇힌다. 그것이 미래의 내가 돌아가고 싶은 시간인 것을 모르는 채로. 스무 살의 하루가 365번 반복되는 건 미래의 내가 그만큼이나 그 시절로 돌아가기를 열망해서다. 그 일상을 성실히 살아가되 젊은 날에만 가질 수 있는 빛으로 충만하도록 만들고 싶어서다.

무한루프를 수행하는 프로그램은 과제를 수행할 뿐 마치지 못한다. 그러나 현실에선 365번의 루프를, 스물한 살이라는 나이가 종결시켜줄 것이다. 그런 식으로 한 살씩 나이가 들어가는 것이다. 미래의 나도 한 살씩 나이를 더해가며 스무 살의 빛을 다시 만나고 싶어할 것이다.

스무 살의 무한루프로 들어가고 싶다.

인디언 보호구역의 정신분석가

인간의 발달을 8단계로 나눈 에릭슨 Erikson은 어렸을 때 정체성에 혼란을 느꼈다. 유대인 사회에서 성장했던 그는 덴마크인인 친부의 외모를 물려받아 전형적인 유대인의 모습이 아니었다. '나는 누구인가.' 어린 에릭슨은 끝없이 질문을 던졌다. 훗날 정신분석가가 된 그는 보호구역에 사는 인디언들의 방황과 갈등을 연구했다. 보호구역에서 움츠리고 살며 정체성에 혼란을 느낄 수밖에 없었던 인디언들은 에릭슨의 연구에 지대한 영향을 미쳤다.

오래전 영어를 가르쳐 주셨던 원어민 선생님, 짐을 기억한다. 아메리칸 인디언인 그는 인디언으로 살면서 고통받았던 일들에 대해 말하곤 했다. "나를 보면 사람들은 수군거리지. 내가 백인 아가씨랑 걸어가면 '저길 봐, 인디언이 백인과 같이 가고 있어'라고 말하지. 흑인 아가씨랑 걸어가면 '인디언이 흑인과 걸어가네'라고 말하지. 내가 인디언 아가씨와 걸어가면 '인디언이 인디언과 가고 있군!' 이렇게 수군거리지." 짐의 아픔은 오래된 것이었고 극복하기 힘든 것으로 보였다.

에릭슨에 의하면 인간은 살아가는 동안 단계별 발달과업을 갖는다. 스무 살부터 마흔 살까지는 초기 성인기다. 이때의 과업은 가족이 아닌 사람들과 친밀한 관계를 만드는 것이다. 이 과업에 성공하면 반려자를 구하고 직업을 갖는 등 사회적인 바탕을 마련할 수 있다. 반면 사회적으로 친밀한 관계를 만들지 못한다면 고립감을 느끼며 지내게 된다.

다시 솔론이 말한 인간의 생애주기를 생각해 본다. 21세는 다 커서 어른의 티가 나는 때, 28세까지는 힘과 능력을 발휘할 만한 일을 찾는 기간. 솔론도 에릭슨과 마찬가지로 20대는 성장발육을 끝내고 사회로 진출하는 시기라고 말한다. 이때 건강한 관계를 만들기 위한 친밀감은 어디서 올까. 에릭슨에 의하면 초기 성인기의 전 단계는 청소년기다. 말하자면 중고등학생 시기이다. 이때의 과업은 정체성 갖기이다. 소속감이 중요한 이슈가 된다. 나의 원어민 선생님인 짐은 이 시기에 백인, 흑인, 인디언 중 어디에 속해도 비난을 받는 경험을 했다. 그로 인해 정체성을 갖기 어려워졌고 나이가 많이 들어서도 그때 경험한 혼돈에 대해 자주 얘기했다.

정체성을 구축한 다음에 친밀한 대인관계를 만든다는 것. 그 일의 중요성에 대해 생각한다. 정체성이 정립되지 않은 상태에서 사람들을 만나 '친밀하다'라고 생각한다면 둘 중 하나일 것이다. 친밀한 척하거나 친밀하다고 믿고 싶거나. 자주 그리고 많이 우는 사람은 두 경우에 다 해당하는 사람일 것이다.

그때그때 다른 성년의 기준

@ 몇 살부터가 어른이야?

어른이란 자신의 잘못을 스스로 책임지는 사람이겠지. 유교 경전인 《예기禮記》에 의하면, 옛날에는 7살 어린이까진 벌을 주지 않았대. 7살 아이를 '도悼'라고 했는데 이 글자엔 '슬프다'라는 뜻이 있어. 철모르고 분별없는 어린아이를 바라보며 옛사람들은 슬프고 안쓰러운 마음을 가지신 거지. 옛날엔 처벌받지 않는 기준이 7세였지만, 오늘날은 만 10세 미만으로 기준이 달라졌어. 만 10세 이상~14세 미만인 사람이 범법행위를 했다면 '촉법소년'이라고 불러. 촉법소년은 형사처벌 대신 보호처분을 받아.

어른은 또한 경제활동을 통해 자신의 생활을 영위할 능력이 있는 사람이야. 현재 우리나라에서는 만 15세부터 아르바이트가 가능해. 만 13~14세에도 일할 수는 있지만 '취직인허증'이 필요하지. 노동력을 제공한다는 건 생각만큼 간단한 일이 아니야. 사회의 일원이 된다는 측면도 있지만, 혹시라도 부당한 대우를 받았을 경우 이에 대응하고 대처할 능력이 필요해. 그래서 나라에서는 '경제활동인구'를 만 15세 이상의 국민으로 제한하는 거야.

어른의 원래 뜻은 '두 사람의 결합'이야. 현재 우리나라에선 만 18세부터 부모 등 어른의 동의를 받아 결혼할 수 있어. 이렇게 법률혼을 한 경우 19세가 되지 않았더라도 성년으로 인정을 받아. 가정을 이루고 아이를 기른다는 건 사랑, 노력, 헌신이 두루 필요한 일이야. 만 18세에 결혼해서 성년으로 인정받더라도 활동에 많은 제약이 따르게 된다는 건 문제야. 어른이 된다는 건 나라와 사회를 위해 일하거나 의무를 다 한다는 뜻이기도 해. 만 18세는 소방관이나 경찰관 등 공무원 시험에 응시할 수 있는 나이야. 그리고 남자는 18세부터 병역준비역에 들어가게 돼.

그렇다면 왜 이렇게 어른이 되는 기준이 들쭉날쭉한 걸까? 우리나라 법은 청소년의 나이에 대해 각기 다른 기준을 제시하고 있어.

사람은 19세로 성년에 이르게 된다. - 민법

"청소년"이란 만 19세 미만인 사람을 말한다. (다만, 19세가 되는 해의 1월 1일을 맞이한 사람은 제외한다.) - 청소년보호법

"청소년"이란 9세 이상 24세 이하인 사람을 말한다. - 청소년기본법

@ 청소년기본법과 청소년보호법은 어떻게 다를까?

청소년보호법은 청소년을 나쁜 환경으로부터 보호해 줘. 학대받거나 폭력적인 환경에 방치되지 않도록 해 주고, 정신이나 육체를 해치는 술, 담배, 과도한 영상물 등에 노출되지 않도록 하지. 유해업소에 출입하지 못하게 막아주는 역할도 하고.

청소년기본법은 청소년을 육성시키고 권리를 지켜주고 잘 살게 하는 데 목적이 있어. 이 법을 기반으로 청소년을 위한 정책들을 만들지. 그래서 나이도 '9세 이상 24세 이하'로 넓게 설정한 거야. 만약 이 나이에 거처할 곳이 없다면 청소년 쉼터에서 머물며 독립을 준비할 수 있어.

@ 청년포털, 청년센터 검색을 생활화하자

제주, 경기, 서울 등 지역마다 청년을 지원하는 사이트가 있어. 제주도를 예로 들어볼게. '제주청년센터' 홈페이지에 가 보면 제주도를 한 바퀴 돌아보는 문화체험 행사가 있다는 걸 알 수 있어. 물론 제주도에 사는 청년을 대상으로 하는 프로그램이야. 이밖에도 청년 자기계발비를 지원하고, 면접을 보러 가는 청년들을 위해 정장을 빌려주기도 해. 기한이 정해져 있는 정책들도 있어서 검색을 생활화하는 게 좋아.

삶을 일으켜줄
좋은 추억 되도록

이 삶이여, 얼마든 또다시!

— 니체 Nietzsche, 《차라투스트라는 이렇게 말했다》 중에서

난 아직 그곳에 살아

삶이란 생명이 있는 상태로 존재하는 것이다. 그 상태로 시간이 흐르는 것이다. 연약하던 것이 성장하고, 다음 세대 혹은 공동체를 위해 살고, 점점 쇠약해져서 한순간 생명이 없어지는 것이다. 이렇게 볼 때 삶과 시간성은 떼려야 뗄 수 없는 관계다. 그런데 최근에 나는 삶에 공간성도 있다는 사실을 알게 됐다. "나야 아직 그 집에 살고 있지." 라던 누군가의 말 때문이었다. 그는 한때 내 지인과 아주 가까운 사이였다. 그가 아직 거기 몸담고 산다는 건 나의 지인을 기다린다는 뜻이었다. 그리워한다는 뜻이었다.

"어디 살아요?" 처음 만나는 자리에서 보통 건네는 질문이다. 나의 경우 그냥 물어보는 게 아니다. 상대와 내가 얼마나 가까이 사는지, 버스나 전철을 타고 같은 방향으로 갈 기회가 있을지, 다음엔 어디쯤에서 만나는 게 좋을지 짐작해 보려는 것이다. 오래 만날 궁리를 하는 것이다. 이런 생각을 할 때면 산다는 일이 꽤 근사하게 느껴진다.

주인공으로 산다는 것은

삶은 흔히 연극으로 비유된다. 연극이 시작되면 이야기는 시간에 따라 흘러간다. 무대라는 공간에서 펼쳐진다. 극본이 있고 배우들은 각자 역할을 맡는다. 그들은 무대 뒤편에서 걸어 나와 극본에 따라 연기를 펼친다. 마침내 공연이 끝나면 배우들은 다시 무대 뒤로 돌아가야 한다.

연극의 주인공은 자신의 이야기를 밀고 나가는 인물이다. 처음부터 무대에 있었다고 해서, 가장 화려한 배역을 맡았다고 해서 그 인물이 주인공인 것은 아니다. 주인공은 재산이 많을 수도 가난할 수도 있다. 멋있을 수도 볼품없을 수도 있다. 기억을 잃은 사람이 주인공이 되기도 한다. 허영심에 눈먼 사람이 주인공으로 나오기도 한다. 주인공에게 결함이 있고 극복할 장애물이 있을 때 연극은 더욱 흥미로워진다. 다른 인물들과의 갈등 구조가 탄탄할수록 작품의 완성도가 높아진다. 연극의 주인공은 결함이 있다. 아무런 부족함이나 결함이 없는 인물, 주변 사람과 갈등도 없는 인물은 주인공이 아니다. 주인공은 결핍과 결함을 가진다. 주인공은 자기만의 이야기를 끝까지 밀고 나간다.

기계 신,
데우스 엑스 마키나deus ex machina

사람들은 결말을 궁금해한다. "주인공은 결국 어떻게 될까?" 이러한 궁금증은 작품을 끝까지 보게 만드는 힘이 된다. 이야기가 가진 긴장은 결말에 이르러서야 해소된다. 고대 그리스에서는 결말 부분에 갑자기 신이 나타나 모든 사건을 일거에 정리해 버리는 공연이 있었다. 그 신이 기계 신, 데우스 엑스 마키나다. 기계장치에 의지하여 높은 곳에서부터 강림하는 신이다. 아리스토텔레스Aristoteles는 데우스 엑스 마키나가 등장하는 연극을 비판했다. 이야기의 결말은 이야기 안에서 이뤄져야 하기 때문이다.

나는 가끔 기계 신의 강림을 바랄 때가 있다. 누가 나 대신 복잡하고 난감한 상황을 정리해 주길 바라는 것이다. 데우스 엑스 마키나는 연극에 참여하지 않을 뿐만 아니라 지금까지의 이야기에서는 암시조차 되지 않은 존재다. 그런데도 마지막에 툭 나타나 지금껏 이야기를 구성하고 이끌어온 인물들을 자신의 의지대로 정리해 버린다. 기계 신의 강림을 바라는 건 이야기의 결말을 포기하는 행위다. 이제껏 이야기를 밀고 온 주인공의 의지를 부당하게 꺾는 일이다.

내 세탁기는 착해

'잘 살다'와 '잘살다'의 차이를 알게 된 곳은 학교였다. 그날 사진 한 장이 같은 반 아이의 손에 들려 있었다. "이게 너의 집이라고?" 못 믿겠다는 투였다. 그 아이는 내가 입은 노란 잠바와 사진을 번갈아 쳐다봤다. 그리고 마침내 픽 웃으며 사진을 던졌다. "너네 집이 이렇게 잘산다고?"라는 말을 남기고서. 나는 바닥에 떨어진 사진을 주워들었다. 가족 모두가 우리 집 담장 앞에 늘어서서 찍은, 어린 시절 사진이었다. 사진 속에는 봉숭아와 여름꽃이 만발했다. 그 꽃들 위로 눈물이 떨어졌다. "우리집이 부자로 잘사는 건 아니지만 사이좋게 잘 살긴 하는데……." 아무도 없을 때 중얼거렸다.

그 사건 후로 빈부의 차이를 알게 되었다. '그 집은 잘살아'와 '그 집은 못살아'의 차이를 알게 됐다. 어떤 물건은 별로 기능이 좋지 않은 데도 '부티'가 나서 인기를 끌었다. 반면 내가 '빈티' 나는 옷을 입고 있으면 제발 좀 꾸미라는 지적이 들어왔다. 그럴 땐 부티나는 물건보다 대우가 못한 것 같았다. '최선을 다해 잘 살아 봤자 소용이 없는 건가. 부자로 잘살아야 하는 건가.' 이런 생각이 거듭됐다. 비교

당하고 핀잔을 들을 때마다 나라는 존재는 조금씩 밀려나는 것 같았다. 곧 구석과 가장자리가 익숙해졌다.

잘사는 사람이 아니라는 자격지심은 나를 집요하게 괴롭혔다. 여럿이 모인 자리에서 "이 일에 대해 어떻게 생각하셔요?"라는 질문을 받으면 "저요?"라고 되물었다. 누군가 내 의견을 물어봐 준다는 게 고맙고 신기했다. 그 전엔 멍하니 있다가 질문을 받은 순간부터 생각을 시작하느라 발표할 타이밍을 놓치곤 했다.

여전히 '잘살다'라는 일반적 기준에 한참 못 미치기는 하지만, 다행히 자격지심에서는 벗어나게 됐다. 여럿이 모인 자리에서도 내 생각을 말하는 게 별로 어렵지 않다. 비결은 간단했다. 잘살지는 못해도 잘 살려고 노력한 나를 스스로 인정해 줬기 때문이었다. 잘사는 사람 중에도 자신보다 더 잘사는 사람을 부러워는 일이 비일비재하다는 걸 알게 됐기 때문이었다. 부자로 잘사는 집에 초대받아 멋진 물건들을 볼 때면 생각한다. 나를 편히 앉혀주는 내 의자와 10년째 고장을 일으킨 적 없는 착한 나의 세탁기를.

나에겐 내가 결핍돼 있어

더 이상 바랄 게 없는 삶이 있을까. 젊은 시절에 이미 부와 명예를 거머쥔 사람, 복권에 당첨된 사람, 누구나 우러러보는 통수권자, 대중의 인기를 한몸에 받는 스타, 언제부턴가 부러움의 대명사가 된 '금수저'. 이들의 공통점은 '나'가 아닌 타인이라는 것이다. 흔한 말로 '엄마 친구의 아들딸'이다. 솔직히 말해 나는 이들이 부럽다. 그래서 다른 사람들에게 남을 부러워하지 말라고 못 하겠다. 나에게는 '충분히 만족하는 나'가 결핍돼 있다. 그리고 그게 나다.

한창 힘든 상황 가운데 있을 때 상담을 받으려 했다가 상처만 받고 돌아선 적이 있었다. 그분의, '누구나 같은 고통을 가졌다'라는 말에 동의할 수 없었다. 고통 없는 사람은 없겠지만 밀도와 강도와 모양은 제각각이다. 총탄이 날아드는 건물에서 태어나 전쟁터에서 자라야 하는 아이의 고통이 지금 글을 쓰고 있는 나의 고통과 같은가. 거기 존재한다는 이유만으로 압도적인 고통에 짓눌리는 그 힘겨움이. 또한 억만장자가 아흔아홉 번째 연인과 헤어진 고통이 내 고통과 같은가. 탄생부터 죽음까지 좋은 환경에 둘러싸여 사는 사람들의 상처가.

'우주에서 바라보면 먼지보다 작은 게 지구이다. 거기에서 사는 인간은 바이러스보다 못하다. 네가 지금 붙들고 있는 그 일은 우주적 관점에서 볼 때 무의미에 가깝다'라는 말에도 나는 동의하지 못한다. 나는 우주가 아니어서 우주적 관점으로 세상을 볼 수 없다. 그럴 필요도 없다. 우주는 피와 살을 가지지 않아 더위와 추위를 못 느끼고, 살기 위해 경쟁의 궤도를 전력 질주할 필요가 없고, 맘대로 되지 않는 사랑이 서러워 울 이유도 없다. 무엇보다도 나에겐 티끌 같다는 이 삶이, 내가 머물러 사는 비좁은 동네가 우주만큼 무겁고 소중하다. 작은 일 한 가지도 세심하게 살피라는 뜻인 '신은 디테일에 있다'라는 문장을 생각해 본다. 신의 위대함은 '티끌에조차 깃드는 능력'에 있는 것이다.

고통은 욕구가 좌절됐을 때 온다. 심리학자 매슬로Maslow는 인간의 욕구를 다섯 단계로 나눠 설명했다. 가장 밑바탕에 있는 욕구는 생리적 욕구다. 몸에 음식이 들어와 배설물로 나가야 하고, 졸리면 자야 하는 본능을 말한다. 본능이 충족되지 못하는 사람이 다른 걸 원한다는 건 불가능에 가깝다. 이것이 충족됐다면 두 번째 단계, 외부로부터 위협받지 않고 안정된 상태를 원하게 된다. 세 번째 단계는 어딘가에 소속되고 타인과 친밀해지고 싶다는 욕구다. 넷째 단계에서는 자기 자신과 남으로부터 존중받는 사람이 되고 싶어 한다. 마지막 단계는 '스스로 되고 싶은 자기'를 이루려는, 자아실현 욕구다.

"어느 집에나 걱정거리가 있어. 왜 유독 너만 힘들다고 생각해?" 누군가 근심하고 있을 때 이렇게 얘기하는 사람이 되진 말았으면 좋겠다. 어쩌면 이럴 수 있다. 내가 '자아실현 욕구' 단계에 있을 때 상대방은 '생리적 욕구' 단계나 '안전의 욕구' 단계에서 지독한 싸움을 벌이는 상태일 수 있다. "어차피 남들은 너를 유심히 보지 않아. 모두가 자신에게만 관심이 있는걸." 타인의 눈에 어떻게 비칠지 몰라서 두려워하는 사람에게 이렇게 말하는 것도 그만뒀으면 좋겠다. 사실 세상엔 남을 은밀히 관찰해 소문을 퍼트리는 호사가들도 엄연히 존재한다. 남들 눈에 비치는 모습에 연연하는 사람은 그럴만한 이유가 있을 것이다. 그러니 손을 잡고 이렇게 말해 주자. "다른 사람 눈엔 어떨지 몰라도 난 네 자체가 좋아."

더 이상 바랄 게 없는 삶이 있을까. 온전히 자아를 실현했다고 말할 수 있는 사람이 세상엔 몇이나 있을까. 창밖을 내다본다. 아직은 겨울이라 추운 낮에, 약한 햇볕을 이불처럼 덮고 잠든 길고양이야, 너는 바라는 게 있을까.

라프족의 현세와 내세

북극권엔 '라플란드Lapland'라는 땅이 있다. 높은 산에 둘러싸인 이 땅은 호수와 침엽수림과 빙하로 아름다운 곳이다. 이 땅 이름이 '라플란드'인 이유는 여기 사는 종족이 라프족이기 때문이다. 오랜 세월 라프족은 농사도 짓고 물고기도 잡고 순록도 키우며 살아왔다. 라프족들은 가까운 사람끼리 순록을 돌보는 일로써 생활 단위를 구성했다. 그리고 그들은 생각했다. 죽은 다음의 세계도 지금의 세상과 같을 거라고. 사랑하는 사람들이 다시 모여 순록을 키우고 사냥을 하고 감자를 캐며 살아갈 거라고. 그렇게 지금의 생활은 영원히 계속될 거라고 말이다.

불멸과 필멸과

'기가 산다'고 할 때, 산다는 건 정신적인 왕성함을 의미한다. '입만 살아있다'에서, 산다는 건 입으로 말하고 떠들고 변명하는 등 자신을 내세우거나 변호하는 일이다. '헤어 스타일을 살린다'에서, 산다는 건 남에게 괜찮아 보이는 모습으로 비치고 싶은 것이다. '우정에 살고 사랑에 산다'에서, 산다는 건 의미 있는 타인과 연결되는 것이다.

사람이 불멸하는 시대가 도래할까. 과학소설의 상상력이 현실에 실현되곤 하므로, 어쩌면 도래할지도 모른다. 그것도 낮지 않은 확률로, 상상을 능가하는 방식으로. 그렇게 불멸의 존재가 되면 행복할지 '영원'이란 게 좋기만 할지는 모르겠다. 아직까지 사람이란 '언젠가는 죽는' 필멸의 존재다. 필멸의 슬픔은 필멸하는 존재가 가진 아름다움에 가 닿는다. 부직포와 플라스틱으로 만든 꽃보다 생화에 이끌리는 건 그래서일 것이다.

사람은 죽음 직전에 대개 노쇠해진다. 몸에 병이 든다. 인간의 발달과정을 8단계로 나눠 설명한 에릭슨Erikson은 노년기도 발달단계로 본다. '발달'의 원래 뜻은 '성장, 왕성해짐'이다. 그렇다면 궁금해진다. 왜 병약해지는 노년기가 '발달'과정에 있는 걸까. 열쇠는 '발달'이 가진 다른 뜻, '성숙'에 있다. 에릭슨의 발달과정 마지막 단계에서 인간은 '자아통합'을 이룬다. 이것이 성숙이고, 이것이 좌절될 땐 절망한다.

아홉 번의 생

불멸과 필멸 사이엔 상상의 삶이 있다. 천년을 묵은 지네나 뱀, 구미호 여우들. 이야기 속에서 이러한 동물들은 아주 오래 살았기 때문에 인간을 능가하는 지혜를 가진다. 아홉 번을 살았다는 고양이도 마찬가지다. 인간의 눈으로 봤을 때 그 고양이는 죽음의 순간을 절묘하게 피한 것으로 보인다. 목숨이 여러 개인 것처럼 생각된다. 제2차 세계대전이 일어났을 때 '오스카'라는 고양이가 살고 있었다. 오스카는 군함에 실려 전쟁이 벌어지는 바다로 나아갔다. 첫 번째 배가 침몰했는데 오스카는 살아남았다. 두 번째, 세 번째 군함이 침몰했어도 살아남았다. 오스카는 육지로 보내져 죽을 때까지 살았다.

뱀, 지네, 여우, 고양이 이야기는 왜 만들어졌을까. 천년의 세월을 살아갈 수 있기를, 사고나 재난으로 죽지 않기를 소망해서일 것이다. 그런 심정으로 천 년 묵은 여우 이야기를 만들어냈을 최초의 사람을 생각해 본다. 모닥불을 피우고 감자를 굽고 가족을 불러내서 둥그렇게 앉힌 다음, 자신이 만들어낸 얘기를 들려주었을 사람. 사랑하는 사람들과 천 년쯤 눈 맞추며 지내고 싶었을 간절한 심정을.

생활을 구성하는 것들

@ 나의 생활권은?

'집순이', '집돌이'의 주된 생활권은 집 근방이야. 한때는 나도 생활 반경이 200m 정도였어. 집과 근처 편의점 정도만 오가던 시절이 있었거든. 그러던 어느 날 이렇게 좁은 반경만 맴돌며 살기엔 인생이 아깝다는 생각이 들었어. 조금만 멀리 나가 보자, 결심했지. 당시 나는 학교나 직장은 다니지 않는 상태였어. 그래서 생활권을 넓히기 위해선 편의점이 아닌 곳에서 장을 보거나, 이웃 동네까지 운동하러 다니는 등의 전략이 필요했어. 그러다 친구가 텃밭을 가꾸고 있다는 사실을 알게 됐어. 무릎을 탁, 칠 수밖에. 거기서 채소를 가꿔서 먹는다면 장보기와 신체활동이 한 방에 해결될 테니까. 당장 인터넷에서 호미를 주문했어. 그것이 도착하기까지 무척 설레는 맘으로 지냈지. 한동안 버스 여섯 정류장 거리에 있는 그 텃밭에서 친구와 채소들을 가꿨어. 나의 생활권은 그렇게 넓어졌고, 넓어진 생활권만큼 활력이 생겨났지.

@ 개성 있는 공간 만들기

매일 지나다니던 평범한 골목에 카페 하나가 생겼어. 그리고 그곳은 곧 엄청난 인기를 누리게 됐지. 카페 안에 멋진 자동차 한 대가 놓여 있었거든. 나도 좋아하는 사람들을 만나면 그곳으로 커피를 마시러 갔어. 그러나 그것도 몇 달뿐. 카페에 갔는데 자동차가 없었어. 아마 공간을 너무 많이 차지해서 주인이 치운 것 같았어. 그리고 손님들이 점점 줄었지. 나부터도 일부러 찾아가지는 않게 되었고.

이사할 때마다 멋지게 집을 꾸미고 초대하는 친구가 있었어. 그 친구는 몇 번 이사를 다녔는데, 주거 조건은 사실 열악했어. 하지만 언제나 개성 있는 공간을 만들어내서 모두의 부러움을 샀지. 비결은 '컨셉 잡기'에 있었어. '야광별'로 컨셉을 잡으면 미리 몇 달 동안 그에 맞는 플라스틱 별들이나 스티커를 사 모았어. '열대우림'으로 컨셉을 잡은 적도 있었는데 그땐 벽도 문도 문 손잡이도 커튼도 진초록이었어. 게다가 검은 몸에 커다란 주황색 부리를 가진 '큰부리새' 인형이 압권을 이뤘지. 이밖에도 친구는 '피규어', '영화관', '빨강머리 앤' 등의 컨셉을 잡아 멋진 공간을 연출했어. 그중에 가장 기억에 남는 건 '유치원생 조카의 그림들'이야.

@ 현명한 의생활과 식생활

현대인은 휴대폰 요금, 공과금, 보험료, 대출 원리금 등 고정비용을 많이 지출하지. '숨만 쉬'고 사는 데도 꼭 들어가는 돈이야. 고정비용을 줄일 수 없다면 식비, 의류비 등 변동지출을 합리적으로 계획해야 해.

식재료는 여러 가지 음식을 만들 수 있는 걸로 고르는 게 좋아. 애호박은 부침개, 된장찌개, 카레, 호박 나물 등을 만들 수 있는 좋은 재료야. 감자로는 된장찌개, 감자전, 매쉬드 포테이토 등을 만들 수 있지. 샤브샤브용 냉동 고기는 보관도 오래 할 수 있고 요리로서의 활용도도 높아. 냉장고에 식재료와 그것들로 만들 수 있는 음식 이름을 써 두면 어떨까. 뭘 해 먹을지 고민도 줄어들고 어떤 재료를 구해 채워 넣어야 할지도 떠오를 테니까.

의류를 구입할 때도 요령이 필요해. 쓸 수 있는 돈이 제한돼 있다면 재킷을 좋은 제품으로, 안에 받쳐 입는 셔츠류는 저렴한 것으로 장만하는 게 나을 거야. 브랜드 하나를 정해서 그곳에서만 사 입는 것도 좋은 방법이야. 비슷한 분위기의 옷들을 갖추게 될 테니 나만의 스타일을 만들어 가기가 쉬워지지.

@ 캡슐 워드로브

반복되는 생활습관인 루틴을 내 식대로 만들 필요가 있어. 루틴이 단순할수록 시간이 절약돼. 그리고 내 리듬과 잘 맞을수록 생활이 쉬워져. '캡슐 워드로브capsule wardrobe'를 구성해 보는 것도 좋아. 캡슐 워드로브란 자신의 스타일대로 갖춰 입으려고 마련하는 옷과 소품들을 말해. 그 안에서만 매치해 입는다면 차려입는 데 드는 에너지를 아낄 수 있지. 그래서 좀더 중요한 일에 집중할 수 있게 돼. 페이스북을 만든 마크 저커버그, 애플사를 창업한 스티브 잡스는 셔츠와 청바지만 입은 사람들로 유명하지. 미국의 투자가인 워런 버핏은 늘 같은 패스트푸드점에서 식사를 한다고 해. 먹고 입는 일에 시간이나 노력을 들이지 않고 한길만 걷기. 내 식대로 루틴을 단순하게 만들기.

@ 여가 시간은 어떻게 보내는 게 좋을까

여가생활은 삶을 윤택하게 만들어 줘. 그리고 나의 기분을 좋게 해서 만족스러운 삶을 누리게 해 주지. 물론 그때그때 내키는 대로 활동할 수도 있겠지. 하지만 평소 해 보고 싶었던 일, 내가 투자할 수 있는 시간과 비용, 함께할 사람 등을 고려해 신중히 결정해 보면 어떨까. 자기계발, 봉사활동, 예술작업, 같은 취미를 가진 사람들끼리의 모임, 여행 등 내 젊은 한때를 빛내 줄 활동을 찾아보는 거야. 때론 직업이나 오랜 공부보다도 여가생활이 '나'를 나답게 만들어 주거든.

아무도 대신
살아주지 않는 세상에서

자신의 심장이 말하는 것에 복종하라.

— 랠프 월도 에머슨 Ralph Waldo Emerson

'105번 넘어진 여자'로 기억되다

버거를 주문하고 한쪽에 서서 기다리는데 누가 툭 쳤다. 빨대 꽂은 야쿠르트가 보였다. 얼떨결에 받아들고 아는 체를 하려는데 기억에 없는 얼굴이었다. 상대방은 만면에 웃음을 머금은 채 이렇게 말했다. "엊그제 그 105번! 넘어진 사람 맞잖아." 그러고 보니 기억났다. 105번 넘어진 건 아니고 105번 버스에서 내리려다가 중심을 잃고 넘어졌었다. 그때 내 가방을 주워주신 분. 그분도 카트에 귤을 두 박스나 싣고 타셨기 때문에 생각이 안 날 수 없었다.

처음 만난 때와 장소가 그 사람의 정체성이 되는 경우가 제법 있다. '105번 버스에서 넘어진 여자', '짬뽕 전문점 아르바이트생', '낮 12시마다 교문에서 마주치는 남자', '새벽 배송 사원' 등. 예를 들어서 나는 짬뽕 전문점에서 아르바이트하는 사람이 그 일만 하는지 다른 일도 하는지, 어디 사는지, 뭘 좋아하는지는 전혀 알지 못한다. 나를 버스에서 넘어진 여자로 기억하는 그분도 나의 다른 측면은 모른다. 누군가에게 '낮 12시마다 교문에서 마주치는 남자'는 언제까지나 그 이미지로 남는다. 처음 만난 때와 장소는 사람에게 붙여지는 이름표와 같다.

반복되는 행동이나 습관이 정체성이 되기도 한다. '식당에서 코를 킁킁거리는 사원', '누구에게나 잘 웃어주는 선생님', '책갈피에 손가락을 끼운 채 걸어가는 사람', '노래할 때 상체를 한껏 젖히는 친구' 등.

햄버거 가게에 갈 때면 나를 '105번 넘어진 여자'로 기억하는 그 분을 혹시 만나지나 않을까, 주위를 둘러보게 된다. 야쿠르트를 얻어먹은 뒤로 한 번도 마주친 적은 없다. 그래도 매번 희망을 품어 본다. 만나면 이렇게 얘기하고 싶다. "지금껏 살아오며 105번쯤 넘어진 것 같습니다. 어떻게 아셨습니까, 넘어지는 게 저의 정체성인 것을? 앞으로도 더 넘어질 텐데 그때쯤엔 우리가 146번 버스에서 만나게 되지 않을까요?"

주먹 쥐고 일어서

심심할 때면 동전을 세워놓고 검지 손톱을 튕겨 세게 때렸다. 나에게서 힘을 얻은 동전은 뱅글뱅글 돌면서 저만치 굴러갔다. 힘이 떨어지면 넘어졌다. 일으켜 세워 다시 힘을 가했다. 십 원짜리는 구릿빛으로 백 원짜리는 은빛으로 맴돌며 굴러갔다.

영화 〈늑대와 춤을〉에는 재미있는 이름이 많이 나온다. '늑대와 춤을', '발로 차는 새', '머리에 부는 바람' 등인데, 인디언식 이름이다. 등장인물 중에는 백인 여성인 크리스틴이 있다. 그녀는 가족을 잃고 낯선 인디언 사회로 들어와 적응하며 살았다. 결혼도 했지만 남편이 목숨을 잃고 말았다. 힘든 일이 이어졌다. 게다가 그녀를 계속 모욕하는 사람도 있었다. 모욕이 이어지던 어느날 크리스틴은 주먹을 꼭 쥐고 일어났다. 더는 참지 않고 응징했다. 크리스틴의 이름은 '주먹 쥐고 일어서'가 되었다. 이후로 아무도 업신여기지 않았다.

담장 쌓기와 허물기

로버트 프로스트Robert Frost의 시 〈담장 고치기〉에는 다음과 같은 문장이 나온다. "튼튼한 담장이 좋은 이웃을 만들지요." 이 시에서, 시인은 이웃과의 사이에 담은 굳이 필요치 않다는 입장이다. 봄기운이 그것을 원치 않아서다. 날이 풀리면 담장 밑 언땅도 부풀면서 담을 이루는 돌들이 쏟아져내려서다. 게다가 시인의 집엔 사과나무뿐이고 이웃은 소나무뿐이어서 굳이 구획지을 필요가 없다. 담장이 없어도 된다. 하지만 이웃은 완강하게 말한다. "튼튼한 담장이 좋은 이웃을 만들지요."

인간관계에서 담장은 여전히 문제가 된다. 옆집에 누가 사는지 모를 정도로 높이 세운 담. CCTV와 맹견이 있는 담. 너무 낮아서 이웃이 시도 때도 없이 넘어오는 담. 허락받지 않은 상태로 한쪽에서 부수기 시작하는 담. 관계에 지쳐서 말없이 높이기 시작하는 담. 그런 담장들.

코디펜던트

물건이나 역할은 대신할 수 있다. 장갑이 없으면 핫팩을 손에 쥐면 되고, 아파서 일을 못 나가면 하루 이틀쯤 동료가 업무를 봐 줄 수도 있다. 그러나 나를 대신할 수 있는 존재는 없다. 나 대신 먹고 생각하고 얘기하고 배설하고 잠잘 사람은. 그러니 나를 먹이고 입히고 재우고 달래는 것은 이 세상에서 가장 중요한 일이다. 그건 오직 나만 할 수 있는 일이니까.

사람 사이의 관계는 종종 균형이 무너진다. 거기서 갈등이나 슬픔이 생겨난다. '코디펜던트'는 아무나 침범하기 쉬운 사람을 뜻한다. 그들의 담장은 너무 낮고 무너져 있다. 스스로를 아낄 줄 모르는 코디펜던트를, 자기애성 인격을 가진 이들이 기막히게 알아본다.

처음엔 왜 그런지 몰랐다. 내게는 고민만 털어놓던 그애가 남들과는 행복하게 지내는 이유를. 그 큰 눈을 글썽이며 시간을 내달라고 찾아오고, 비밀스런 가족사를 들려준다며 슬픔을 공유하길 원하고, 시간이 없다고 하면 가차없이 원망하던 이유를. 그런데 그애만 그런 것이 아니었다. 사는 동안 비슷한 일들이 반복됐다. 그쯤에서 내가 원인이란 걸 알아차렸어야 했는데 답답하게도 그러지 못했다. 만나는 사람마다 패턴이 이러니 인간관계가 하나도 재미없었다. 하지만 상대는 나를 원했다. 자신의 감정풀이를 다 받아주는 사람이 필요해서였다. 그러니까 정확하게는 나를 원한 게 아니라 자신의 어둠을 쏟아부을 도구를 원한 것이다.

코디펜던트를 착하다고, 자기애가 과도한 사람을 이기적이라고 규정하는 건 마음의 위안도 되지 못하는 일이다. 남에게 조종당하기 쉬운 코디펜던트는 자기 자신을 외롭게 하는 사람이다. 자기가 자기를 따돌리는 사람이다.

나르시시스트의 선물

소소한 선물을 꽤 받았다고 했다. 쌀쌀한 날씨가 이어지면 립글로스, 더울 땐 아이스 아메리카노 한 잔, 게다가 근사한 꽃다발까지. "그런데 그게 다 '밑밥'이었어." 친구는 씁쓸하게 웃었다. 나는 언뜻 이해되지 않았다. "상대가 자기만 아는 나르시시스트였다면서? 그런 사람은 남에게 받으려고만 하지 않나?" 하지만 친구의 설명을 듣고 보니 그게 아니었다. 나르시시스트는 남이 자신에게 넘어오게 만들려고 관계의 초반에 적극적으로 행동한다. 선물도 주고 칭찬도 많이 해 준다.

친구는 모든 게 자기 위주인 이웃의 짐을 대신 짊어지고 있었다. 이웃집 꼬마를 늦은 밤까지 봐 주고, 이웃집으로 가야 할 냉동식품을 받아서 자신의 냉장고에 보관해 주고, 도서관에 가서 필요한 책을 빌려다주는 일을 반복했다. 관계의 균형이 심각하게 무너진 것을 눈치챈 이후에도 거절하기 어려워 계속할 수밖에 없었다.

"이사 가고 싶어." 친구는 결국 이렇게 토로했다.

공존의 틈서리

다시 로버트 프로스트의 시 〈담장 고치기〉로 돌아가 본다. 담장을 이루던 돌들이 굴러떨어지자 프로스트와 이웃은 그것을 고치게 됐다. 시인은 굳이 담장이 없어도 될 것 같다고 말했고, 이웃은 튼튼하게 쌓아야 한다고 말했다. 두 사람이 고친 담장의 높이가 어느 정도인지는 모르겠다. 다만 서로 합의하는 선에서 담장 수리를 마쳤으리라 짐작할 수는 있다. 무너진 담장 수리와 거리두기는 건강한 관계 유지에 필수적이다.

레바논의 시인 칼릴 지브란Kahlil Gibran은 〈결혼에 대하여〉에서 이렇게 말했다. "그대들이 함께 있을 때는 거리를 두라 / 그 틈에서 천국의 바람이 춤출 수 있도록"

대리출석과 자리 맡아주기

"예." "예에." "이예." "예에에." 선생님이 출석을 부르실 때 무려 네 번을 대답하는 친구가 있었다. 책상에 모로 엎드려 입을 종이로 가리고서. 그 친구는 대리출석을 도맡아 해 줬고, 수업을 빠진 친구들은 늘 정해져 있었다. 그래서 예, 예에, 이예, 예에에 소리를 들을 때마다 우리는 웃음을 참기 어려웠다. 목소리 톤을 바꿔가며 연기를 해 준 친구 덕분에 수업을 빠지고도 점수가 깎이지 않은 친구들은…들키진 않았다. 하지만 적어도 내 기억 속에는 선생님을 속인 학생들로 남아 있다.

"거기, 자리 있어요!" 수영하기 위해 비어 있는 샤워기를 찾았는데 그런 소리가 들려왔다. 눈살이 찌푸려졌다. 수영장뿐 아니라 대중목욕탕, 도서관, 공연장, 심지어는 지하철 안에서조차 그런 일을 겪은 경험 때문이었다. 무리하게 자리를 맡아주는 사람들도 다들 당해 봤을 경험.

'1인분'이라는 표현이 좋다. 사실 1인분은 개인마다 다르다. 많이 먹어야 하는 사람은 적을 테지만, 조금 먹는 사람은 남을 것이다. 나의 1인분은 넘치지도 모자라지도 않았으면 좋겠다. 1인분의 영역을 지키고 싶다. 남을 조종하지도, 남에게 조종당하지도 않는 관계로 지내고 싶다. 그런 상태로 지내는 일이 가능해질 때 만날 수 있을 것 같다. '너'라는 분야에서 가장 탁월한 너를.

God 스물을 위한 체크리스트 No.8

지금 자기 자신과 소개팅하는 거야?

소개팅 상대가 마음에 든다면 별 시시콜콜한 걸 다 물어보게 되지. 무슨 음식을 좋아해? 색깔은? 여행을 간다면 어디로 떠나고 싶어?

이런 질문들을 나한테도 던진 적이 있는지 생각해 보자. 바로 대답할 수 있는지를. (물론 아흔 아홉 가지 음식을 좋아할 수도 있고, '무지개색'이 아니면 다 싫을 수도 있지. 존경하는 인물이 하루에도 수십 번 바뀔 수도 있고 말이야. 하지만 그렇다 해도 대답해 보자. 내가 나의 소개팅 상대인 것처럼 물어볼 수 있는 거니까)

* ________ 색을 보면 ________ 한 느낌이 든다.

* 여름과 겨울 중 ________이 좋다. ________을 할 수 있으니까.

* 우울할 때 ________을 먹으면 기분이 나아진다.

* 미세먼지, 음식 알레르기, 소음공해, 악취 중 제일 괴로운 건 ________이다.

* 여행을 간다면 ___________로 가고 싶다. 관광과 휴양 중 더 좋은 건 ________이다.

* 음주와 흡연에 대해 ________게 생각한다.

* 나의 주량은 ________이다.

* 결혼은 ________것이라고 생각한다.

* 아기를 낳는다면 ________사람으로 키우고 싶다.

* 상대의 매력에 반하는 사랑, 친구같은 사랑, 집착하는 사랑, 베푸는 사랑, 조건을 보는 사랑, 구속받지 않는 사랑. 이 6가지 유형 중 나는 __ 사랑을 하는 타입이다.

* 사랑의 6가지 유형 중 상대방은 ________ 타입이면 좋겠다.

* 더위와 추위 중 ________에 취약하다.

* 가족이나 친척 중에 ________ 병을 앓는 분들이 있다. (나도 그 병을 조심해야 한다)

* ____________ 일을 하며 살고 싶다.

* ________살이 되기 전 ________을 이루고 싶다.

* 심심할 땐 __________를 어슬렁거린다.

* 반려동물을 키운다면 ________가 좋을 것 같다.

* ________ 때는 정말 화가 난다.

* 지금 제일 친한 친구는 ________이다.

* 그의 ________ 점이 좋다.

* 그의 ________ 점은 불만이다.

* 해결할 일이 있어서 대화할 때 나는 ______한 편이다.

* 좋은 관계를 맺기 위해 나에게 필요한 미덕은 _____이다.

* 복권 1등에 당첨된다면 ________하고 싶다.

* 존경하는 인물은 _______이다. _________ 때문이다.

* 조용한 사람, 흥과 끼가 많은 사람 중 ___________에 이끌린다.

* 혼자 있을 때 연습하고 싶은 노래는 _______이다.

* 여럿이 있는 자리에서 부르고 싶은 노래가 있다면

________________________________ 이다.

* 잘 차려입거나 몸을 치장하는 일에 관심이 _________.

* 나의 종교는 _______이다. (혹은 무교이다)

* 신용카드나 체크카드가 _______장 있다.

* 미래를 위해 ________를 하고 있다.

* 과거로 시간여행을 할 수 있다면 _______로 가고 싶다.

* 아침형 저녁형 중 나는 _______형 인간이다.

* 요즘 ________ 고민을 한다.

* 고민을 해결하려면 ______을 해 보는 게 좋겠다.

* 내가 나를 사랑하는 이유가 있다면

_______________________________ 때문이다.

내가 뭘 좋아하고 뭘 원하는지를 안다는 건 중요한 일이야. 나에 대해 객관적으로 파악하는 것도. 그걸 알면 스스로를 더 잘 돌볼 수 있으니까. 그리고 지금까지 답을 적어 본 것들과 별도로 이렇게 말할 수 있어야 해. "나는 이유없이 나를 사랑한다."

자신만의 이야기를 만들어 가

인간에게는 환경을 창조해내는 능력이 있다.

— 스키너 Skinner

인물과 배경

이야기의 배경이 뚜렷하면 인물의 특징도 분명해진다. 빙하기에 사는 사람과 21세기 인물은 가치관, 습관, 외적인 모습이 전혀 다르다. 자주 사용하는 단어도 남들과 어울려 노는 문화도 다르다. 공간적 배경도 마찬가지다. 한국에 사는 사람과 북극 근처 라플란드 사람, 우주정거장에 사는 사람은 사고방식도 추구하는 것도 다를 수밖에 없다.

인물은 배경에, 그러니까 그를 둘러싼 환경에 영향을 주기도 하고 받기도 한다. 그러므로 자신만의 이야기를 써 내려갈 때 시간적, 공간적, 사회적, 인적 환경 등을 객관적으로 파악해야 한다.

예시 : 21세기 한국에서 살아가는 갓 스물의 청년. 3인 가족 중 외동이. 친인척 관계와 친구 관계 모두 원만한 편. 부모님의 정치 성향은 보수. 나는 부모님과 다른 노선임. 낮에는 경영학 공부를 하고 밤에는 편의점에서 근무. 집 앞으로 전철 야외 노선이 지나감. 사는 곳은 주택가이고 극장이나 병원, 쇼핑몰 등 주변 시설은 보통.

인물과 사건

인물이 흐릿하면 사건 구성이 잘 안 된다. 이야기 전개가 어려워진다. 나는 나라는 인물을 어디까지 묘사할 수 있나. 묘사는 입체적일수록 좋다.

예시 : 나는 주로 편한 차림으로 돌아다니는 편. 집에 있을 땐 옛날 드라마를 몰아본다. 얼굴형이 둥글어서 귀엽다는 말을 들음. 기름진 음식을 먹거나 스트레스 받으면 여드름이 남. 어려서부터 그림 그리기에 소질이 있었는데 지금은 거의 그리지 않음. 성격은 특별히 모난 데 없음. 가끔 개성 없는 내 성격이 싫음. 짝사랑하는 사람이 있는데 내 마음을 알릴 생각은 없음. 직장에 가면 마케팅 관련 업무를 하고 싶음. 채식주의자임. 밥 먹는 속도가 빨라서 친구들이 다 먹을 때까지 멀뚱멀뚱 보고 있는 게 특징.

나의 특징을 잘 파악했다면 장단점이 보일 것이다. 잘 하거나 즐기는 일, 즉 장점은 앞으로 내가 뭘 하며 나아갈지 가르쳐준다. 장점에 집중하고 그것에 따르는 삶은 순조롭다. 반면 단점은 내가 그것을 온전히 극복하는 동안 끊임없이 갈등 거리를 제공하는 역할을 한다. 갈등이 없는 인생은 혹은 이야기는 없다. 갈등을 잘 구성하고 그것을 돌파하며 나아가는 게 멋진 스토리가 가진 공식이다.

아래 점이 공 모양인 물음표와 느낌표

모든 걸 파악하고 앞으로 나아갈 방향을 설정한다 해도 행동하지 않으면 소용없다. 움직이지 않는 인물은 주인공이 아니다. 어떤 이야기를 시종일관 주변 인물 중 한 사람이 끌고 간다면, 그는 더이상 주변 인물이 아니다. 이미 주인공 자리에 올라가 있는 것이다.

지나간 일이 흑역사로 여겨질 때가 있다. 그때 일을 생각하면 부끄러워진다. 그런데 자다가 이불을 박차고 일어나 앉게 만드는 이런 흑역사도 쓸모가 있다. 그것을 곱씹으면서 자신에 대해 더 고민하기 때문이다. 흑역사는 나의 단점을 또렷이 비춰주는 검은 거울이다. 그 거울은 깨기 위해 있다.

크고 작은 에피소드로 구성된 과거는 또렷이 떠오른다. 그것들은 현재의 나를 움직이게 만들 수도 있다. 아무것도 시도하지 않았다면, 별일 없었다면, 과거는 기억에 남지 않는다. 그것은 아무 힘이 없다. 나를 움직이지 못한다.

물음표와 느낌표를 볼 때면 왜 아래 점이 둥근 모양일까 궁금해진다. 언젠가 모르는 꼬마를 놀이터에서 봤을 때도 같은 궁금증이

들었다. 꼬마는 놀이시설 사이사이를 통통 뛰어다니고 있었다. 그 아이 자체가 물음표와 느낌표로 만들어진 것 같았다. "재밌어?" 내가 묻자 그 애는 고개를 크게 끄덕거리며 미끄럼틀을 탔다. 그다음에는 시소를, 그다음에는 다시 미끄럼틀을 탔다. 똑같은 시설을 이용해도 매번 최대치로 신난 모습이었다. 잠시도 쉬지 않고 이리저리 옮겨 다녔다. 그 애의 발바닥은 공처럼 튀어 올랐다. 호기심을 잃지 않기, 느낄 수 있는 최대한의 크기로 느끼기. 그것들이 꼬마에게 동기를 부여해줬다. 그게 꼬마가 가진 행동력의 비결이었다.

가까이하기엔 불편한

'프로불편러'라는 말이 유행한 적이 있었다. 이 말을 처음 들었을 때 떠오르는 사람이 있었다. 바로 나. 나는 체질상 불편함을 잘 느꼈다. 겨울 옷감인 폴라폴리스는 보풀이 잘 생겨난다. 정전기도 잘 나서, 이것을 입었다 벗으면 몸이 건조해지는 게 느껴졌다. 불편한 건 폴라폴리스 점퍼만이 아니었다. 버스를 타면 탁한 공기에 숨이 막히고, 남들의 사소한 말엔 기가 막혔다. 자연히 좋은 점을 즐기기보단 불편사항을 지적하게 됐다. 때론 남의 논리를 파고들어 꼬투리를 잡았다. 예민성이 극대화된 날은 피곤해서 아무것도 할 수가 없었다.

그러던 어느 날 오랜 친구가 프로불편러인 것을 알게 됐다. 그런데 그가 가진 불편함은 나와 방향이 달랐다. 한마디로 말해 문제의식이 남달랐다. 한번은 길을 걷다가 움푹 파인 도로를 발견했다. "구청 게시판에 올려야겠네." 친구가 휴대폰으로 그 부분을 찍으며 말했다. 나는 잠시 비켜서서 그가 글과 사진 등록을 마칠 때까지 기다려줬다. 몇 마디 더 나눠보니 이전부터도 비둘기 똥으로 오염된 거리 개선방안, 신호등 설치, 캣맘과 캣대디를 위한 지원방책 등 민원을 꾸준히 제기해 오고 있었다. 그렇게 행동하고 있었다. 그가 살고 있는 세계를 더 나은 환경으로 바꿔나가는 중이었다.

그러고 보니 친구는 남다른 데가 있었다. 고정관념을 쉽게 인정하지 않았다. 무엇이든 그 이면을 생각하고 차근차근 따지곤 했다. 결혼식 문화라든지 위계질서 같은 문제에 대해 생각하고 토론하기를 좋아했다.

가까이하기엔 불편한 대상이 있다. 사물일 수도 사람일 수도 때론 문화일 수도 있다. 그러나 이 세계는 모순과 불편을 품고 있다. 결함이 있는 세계와 동행하는, 결함을 가진 나. 그게 주인공이다.

프로프의 가짜 주인공

러시아 학자 블라디미르 프로프Vladimir Propp는 마법 이야기에 등장하는 인물의 행동 유형을 7가지로 나눴다. 파견자, 얻고자 하는 대상, 베푸는 사람, 돕는 사람, 나쁜 짓을 하는 사람, 주인공, 그리고 가짜 주인공. 나는 여러 유형 가운데 가짜 주인공이 특히 흥미로웠다. 진짜 주인공이 온갖 어려움을 극복하고 마침내 성공하여 고향에 돌아왔을 때 간혹 가짜 주인공을 만난다. 가짜 주인공은 자신이 진짜라고 주장하며 모든 공을 차지하려고 한다. 이때 진짜 주인공은 자신을 증명해야 한다. 다시 도전에 뛰어들어 어려운 문제를 해결해야 한다. 그래야 가짜의 정체를 폭로할 수 있고 원하는 목적지에 이를 수 있다.

마법 이야기뿐 아니라 현실의 삶에도 가짜 주인공이 종종 등장한다. 그들은 다른 곳이 아닌 집이나 고향에 있다. 주인공이 어떤 도전을 받아들이고 세계로 나서는 사이, 가짜는 그 도전에 대해 온갖 부정적인 반응을 보인다. 그러다 슬쩍 고향으로 돌아와 거짓말로 남을 속인다. 주인공의 공적을 가로챈다.

가짜 주인공은 진짜 주인공의 내면에 들어앉아 이야기의 진행을 계속 방해하는 존재의 상징인지도 모른다. 나아가야 할 때 물러서자고 하고, 분발해야 할 때 쉬자고 하고, 불편할 때마다 피하자고 속삭이는.

'나만의 이야기' 만들기의 원칙들

1. 주인공은 나여야 한다.

주변의 누구라도 나보다 많이 행동해선 안 된다. 주도권은 나에게 있어야 한다.

2. 내가 지금 쓰고 있는 장르가 성장 드라마인지 로맨스인지 확실히 한다.

현재 인생의 어느 단계를 통과하고 있는지 인지하고 그때의 이슈에 집중해야 한다.

3. 내가 가진 결함이 뭔지 객관적으로 파악한다.

영웅이라 해도 치명적인 결함을 가졌다면 비극을 맞게 된다.

결함을 가졌더라도 긍정적으로 활용하면 해피엔딩 소설의 주인공이 될 수 있다.

4. 나를 사랑하는 인물이 누구인지와 내가 가진 장점이 뭔지 파악한다.

그들은 나를 지지하고 도와줄 것이다.

5. 나를 미워하는 인물과 나를 가로막는 것들을 파악한다.

그들은 갈등을 일으키므로 나는 거기 맞서 해결방안을 마련해야 한다.

6. 내 이야기가 남의 이야기와 섞이는 것을 두려워하지 않는다.

다른 사람은 나와 전혀 다른 특징, 환경, 관심사를 가졌다. 바로 그 점 때문에 그들의 삶은 내 인생과 이야기를 풍요롭게 만들어 준다.

7. 마음을 사로잡는 이야기가 완성됐다면 그 이야기대로 살아간다.

나는 내 인생의 작가이자 위대한 배우이다.

사람이 이야기를 좋아하는 건 본능에 가깝다. 이야기 속에 빠져든 사람은 자신을 주인공과 동일시한다. 많은 등장인물 중에서도 주인공의 관점으로 사건을 바라보며, 그가 울 때 울고 그가 웃을 때 따라 웃는다. 내 인생의 이야기에는 재미와 감동이 있나. 다른 사람들과 함께 웃고 울 만한 스토리인가. 나를 위해 만든 멋진 이야기는 불확실한 미래를 뚫고 나갈 도구가 된다. 그로 인해 나는 인생을 긍정하고 사랑할 수 있다.

이런 건 조심해야 해

@ 상황 1. 이사 가는 날

집을 얻거나 살 때는 큰 금액이 오가고 신경 쓸 일이 많아. 그래서 주로 부동산을 이용하게 되는데 요즘은 직거래도 활성화되는 추세야. 가장 주의해야 할 부분은 집주인이 아닌 사람과의 거래야. 집주인이 입원 중이거나 먼 곳에 있다며 아들딸이 대신 나온다든지, 집주인이 아닌 거주자가 나오는 경우가 있어. 이럴 땐 반드시 의심해야 해.

세 들어 살 때 계약 기간을 채우지 못하면 이사를 나갈 때 부동산 비용을 물게 돼. 하지만 계약이 종료되기 6개월쯤 전 미리 집주인에게 통보했다면 괜찮아. 물론 이 경우에도 부동산과 집주인에게 "지금 제가 미리 말씀드렸으니 부동산 비용은 내지 않아도 되는 거죠?"라고 묻고 확인을 받아 두는 게 좋아. 문자로 이 내용이 오갔다면 나중에 증거가 되지.

이사 올 때부터 이미 싱크대 수도며 세면대가 고장 나 있었지만, 그냥 참고 지내는 경우도 있을 거야. 그런데 나중에 집주인이 이걸 문제 삼는 경우가 있어. 살다가 고장낸 걸로 오해하는 거지. 그러니까 처음부터 계약서에 어디어디는 고장 나 있었다고 써 두고 사진도 찍어서 첨부해 두는 게 좋아.

간혹 나는 이사를 나가야 하는데 집주인은 세입자가 새로 들어와야 보증금을 돌려줄 수 있다고 하는 경우가 있어. 이때 다른 곳으로 이사하는 일이 촉박하다고 내 짐을 모두 빼면 안 돼. 간단한 짐이라도 몇 가지 꼭 남겨둬야 해. 만약 짐이 하나도 없다면 비어 있는 집이라고 오해받을 수도 있어. 이때를 틈타 다른 사람이 자기 짐이라도 들여놓으면 나는 그걸 강제로 빼낼 수 없게 돼.

@ 상황 2. 교통사고 현장에서

내 잘못이든 다른 사람의 탓이든 간에 운전하다 보면 사고가 날 수 있어. 자기 차에 부딪힌 사람이 있는데도 그냥 가 버리는 운전자가 있다면, 그는 뺑소니범이 되는 거야. 그런 일이 있을 땐 반드시 차를 세우고 경찰에 신고한 다음 병원에 데려가야 해. 그리고 이름과 연락처를 일러주어 책임을 져야 하는 거야. 진심으로 사과해야 하는 건 당연한 일이고.

다른 사람의 과실로 교통사고를 당할 경우도 있겠지. 이때 합의금을 받을 수 있는데, 상대방이 원한다고 해서 서두르면 안 돼. 우선은 병원에 가서 정확한 진단을 받고 그에 따른 치료비를 알아봐야 해. 그리고 사고로 인해 일을 못 해서 생긴 손해, 위자료, 교통비 등도 청구할 수 있으니 꼭 기억해. 특히 상대방이 빠른 합의를 강요한다면 바로 응하지 말고 꼼

꼼꼼히 따져 봐야 해.

@ 상황 3. 경찰서에서 연락이 온다면

드물지만 우연히 범행의 현장에 있었거나, 내가 하지 않은 일인데 오해를 받을 수 있어. 내가 피해를 입어 신고할 수도 있고. 이때 누구라도 겁을 먹게 돼. 심리적으로 주눅 든 상태로 이런저런 질문에 답하다가 모순된 말을 하는 경우도 있어. 경찰서에서 진술하는 건 친구랑 하는 사소한 대화가 아니야. 모든 건 기록되기 때문에 말 한 마디 한 마디를 신중하게 해야 해. 특정 사건에 대해 기억이 불분명한 경우도 있겠지. 이럴 땐 섣불리 진술했다가 나중에 말을 바꾸면 상황이 불리하게 전개될 수 있어. 그러므로 '묵비권' 혹은 '진술거부권'을 행사하는 게 좋아. 만약 부당하게 대하는 경찰을 만났다면 바꿔 달라고 요청할 수 있고, 혹시 내가 억울하게 연루된 부분이 있다면 변호사를 선임해 동행할 수도 있어. 또 내가 조사받은 부분에 대해서는 경찰서 민원실을 통해 자료 공개를 요청할 수도 있지.

@ 상황 4. 보이스피싱이 의심된다면

요즘은 전화를 통한 보이스피싱 외에도 SNS로 속이는 사례가 늘어나는 추세야. 신중한 성격을 가진 사람도 다급한 마음이 들거나 마음이 불안해지면 사기를 당할 수 있어. 사기범들은 사람의 심리를 이용해 범죄를 저지르지. 조금이라도 의심이 든다면 더 말려들지 말고 바로 통화 종료 버튼을 눌러야 해. 금전적인 부분이 아니더라도 신분증이나 통장 사본 등을 요구하면 보이스피싱을 의심해야 해. 검찰청, 금융감독원이라고 권위 있는 기관의 이름을 대기도 하는데 그럴 때도 주눅들 필요가 없어. 그냥 전화를 끊는다고 해서 그런 기관에서 사람이 나와 나를 감시하거나 잡아가진 않아. 오히려 그런 기관에선 선량한 시민을 보호해 줘. 또 비밀번호뿐 아니라 카드번호도 불러줘선 안 돼. 가게에 따라 카드 실물 없이 카드번호와 유효기한 등을 입력해서 결제하는 경우도 있으니까.

이미 그들의 계좌로 송금했다면 경찰서에서 '사건사고 사실확인서'를 발급받아야 해. 그 뒤 은행에 가서 보이스피싱 피해 접수를 하고 안내에 따라 절차를 밟아야 해.

@ 상황 5. 누군가 물건을 대신 운반해달라고 하면

여행지에서 친해진 사람이 자신의 물건을 운반해 달라고 부탁하는 경우가 종종 있어. 이런 부탁은 거절하는 게 좋아. 운이 나쁜 경우 그 물건이 마약 등 금지된 물건일 수도 있으니까. 그런 걸 운반하면 처벌돼. 면세받을 수 있는 범위 이상으로 물건을 구매한 사람이 부탁하는 경우도 있지. 이때 정에 이끌려서 혹은 소소한 이익 때문에 대신 운반해 주면 나는 그가 세금을 내지 않도록 도운 셈이 돼. 그렇게 되면 그 사람을 도와 나라에 피해를 주는 결과가 되고 말아.

창문을 열어젖혀
세상을 맞이하고

낯선 땅이란 없다. 그 여행자만이 낯설 뿐.

— 로버트 루이스 스티븐슨 Robert Louis Stevenson

커튼 뒤에서 칸트를 훔쳐보다

독일의 옛 도시 쾨니히스베르크는 철학자 칸트Kant의 고향이다. 수학 시간, '한붓그리기'를 공부할 때 한 번쯤 이 도시 이름을 들었을 것이다. '쾨니히스베르크 다리 건너기' 문제에서 말이다. 이 도시는 강에 의해 네 구역으로 나뉜다. 그리고 강에는 7개의 다리가 설치돼 있다. 이때 7개의 다리를 한 번씩만 통과해서 처음의 자리로 돌아올 수 있는 산책 코스가 가능할까? 쾨니히스베르크 다리 문제를 볼 때면 칸트가 떠오른다.

칸트의 일상은 정확하고 정교했다. 새벽 5시면 어김없이 기상했다. 오전에는 강의와 집필활동을 하고 점심시간엔 사람들을 만나 대화를 나눴다. 오후 3시 30분에는 반드시 산책을 나서 그가 사랑하는 쾨니히스베르크 거리를 걸었다. 취침시각은 밤 10시였다. 칸트가 지나가는 것을 보고 쾨니히스베르크 시민들이 시계를 맞췄다는 일화는 유명하다.

그런데 나의 흥미를 끄는 건 산책하는 칸트가 아니라 집에 있는 칸트다. 철두철미함의 대명사이자 '인간 시계'라는 별명을 가진 그는 일상의 루틴을 언제나 무리 없이 소화해 냈을까. 그런 의문을 해결하기 위해 시간을 거슬러 올라가는 상상을 한다. 칸트의 침실 커튼 뒤에 숨어 그를 지켜보는 상상을 해 본다.

칸트는 새벽 5시에 기상하지 않고는 못 배기는 인물이다. 그러나 누가 깨워주지 않고는 매일 일정한 시각에 눈을 뜰 수 없다. 그에게는 하인이 있다. 늙어서 새벽잠이 없는 하인은 5시가 되기 몇 분 전에 와서 칸트를 깨워준다. 칸트는 정신이 몽롱하다. 잠에서 깨어나기 위해 홍차를 마셔야 한다. 마침내 하루 일과를 시작할 준비가 다 됐을 때 침대에서 일어나 옷을 입는다.

어느 날 쾨니히스베르크 시민들은 자신들의 시계가 고장났다고 생각하게 됐다. 그곳 시민들이, 한순간, 집단적으로 그런 생각을 했다. 그날 칸트가 산책로를 지나가지 않았기 때문이었다. 시민들은 시계보다 칸트의 정확성을 믿었다. 사실 그때 칸트는 루소Rousseau의 책 《에밀》을 탐독하느라 집에 있었다. 내가 커튼 뒤에서 보니 그는 독서활동에 완전히 빠져버려서 자신의 원칙을 떠올릴 상황이 아니었다.

철학자 카울바흐Kaulbach는 '이성이 무엇인지 보이려고 자연은 칸트를 낳았다'라는 말을 남겼다. 이처럼 칸트는 엄격하고 까다로운 이미지로 유명하지만, 실제로는 산책하러 나가고 사람들과 어울려 담소하는 걸 즐겼다. 새벽엔 하인이 깨워야 일어났고, 머리가 멍할 때도 있었으며, 뭔가에 마음을 뺏겨 자신의 원칙을 무너뜨릴 때도 있었다. 칸트도 이 정돈데 내가 좀 흐트러진들.

앞에서 언급한 쾨니히스베르크의 다리 건너기 문제로 돌아가 본다. 결론부터 말해서 다리들을 한 번씩만 지나가 처음으로 돌아오는 산책 코스란 불가능하다. 산책 출발점과 도착점을 제외한 모든 지점들은 거기에 연결된 길이 짝수여야 하는데, 쾨니히스베르크 산책로의 경우 그렇지 않기 때문이다. 즉, 나가고 들어오는 길들 외에도 또다른 길을 선택할 수 있어서이다. 선택지가 많다는 건 축복일 수도 있지만 한길로 걷는 성실함으로 이어지긴 어려운 것 같다. 여러 선택지로 연결되어 있음에도 쾨니히스베르크의 산책로를 시계처럼 성실히 걸어갔던 칸트가 생각나는 순간이다.

비와 돌과 꽃, 《그리스인 조르바》

아무것도 바라지 않는다 / 아무것도 두렵지 않다 / 나는 자유다. 《그리스인 조르바》의 작가 카잔차키스Kazantzakis의 묘비명이다.

'아무것도 바라지 않기'에 대해 그게 말이 되냐고 생각하던 시절이 있었다. 바라는 것 없이 살고, 일하고, 사람을 만날 수 있나. 인간은 월급 등의 보상을 기대하며 일하고, 나만큼 상대도 나를 좋아해 주길 바라며 만난다. 기대감은 종종 계획으로 바뀐다. 이럴 때 월급은 '한 달 일한 대가'라는 등식에서 벗어나기 시작한다. 월급은 자잘한 기대로 쪼개진다. 먹고 마시고 뭔가를 사야겠다는 기대들로. 만남도 마찬가지다. 함께 있기만 해도 좋던 시절은 금방 지나간다. 왜 자주 연락하지 않을까, 왜 더 좋은 곳에 가지 않을까, 왜 내 마음을 몰라줄까. 이런 생각들은 강요를 하게 만든다. 적어도 연락은 몇 번 이상 하기로 하자. 내가 봐 둔 장소로 가 보자. 내 마음을 모르겠다면 그런 네 마음을 반성해야만 한다. 상대는 내가 마련한 기획 내지는 계획을 듣는다. 나와 상대의 기획은 엇갈린다. 차츰 마음이 엇갈리기 시작한다.

'아무것도 두려워하지 않기'도 어려웠다. 시험 볼 땐 답안지를 밀려 쓸까 봐, 면접 볼 땐 아는 것도 말 못 할까 봐, 좋아하는 사람 앞에선 실망하게 만들까 봐 마음을 졸였다. 그런 불안과 두려움은 나를 매사 예민하게 반응하도록 만들었다. 어떤 시도도 못 하게 몸과 마음을 꽁꽁 묶었다. 점점 무기력해졌다. 뭔가 중독이 필요했다. 충동적으로 뭔가를 먹거나 계속 스마트폰만 들여다봤다. 그러자 더 무기력해졌다.

끝없는 계획과 무기력에 묶인 삶은 자유롭지 않다. 카잔차키스는 어떻게 자유를 일궈냈을까. 《그리스인 조르바》의 등장인물, 조르바는 단순하고 소박한 마음으로 살았다. 그는 자유로웠다. 비와 돌과 꽃의 말을 듣고 싶어 했다. 사람들과 춤추기를 원했다. 그는 스스로에게 이렇게 묻고 답한다.

"조르바, 지금 이 순간 자네는 뭘 하지?", "잠을 잔다네.", "그럼 잘 자게."

"조르바, 지금 이 순간에 자넨 뭘 하고 있나?", "일하고 있네.", "그럼 잘해보게."

지금 여기에 존재하기. 존재 그 자체로 충분해지기. 하던 일이 있다면 진행하기. 기대하거나 계획하다가 두려움에 사로잡히는 일이 없도록, 단순해지기.

지금

여기

늙어가는 길고양이가 있다. 조그만 겨울나무와 화단의 경계면에 있다. 잠자고 있고, 잠자는 일을 계속하고 있다. 춥고 배고프지만 그런 상황을 불평하느라 단잠을 놓치지는 않는다. 고양이는 자유롭다. 조르바는 길 위를 걷는 사람이다. 삶을 여행하는 사람이다. 그는 자기자신과 남을 위해 추운 겨울날 포도주를 사서 품에 안을 줄 아는 사람이다. 그는 자유롭다.

우리, 대화해요

산책과 여행은 만남을 가져다준다. 어쩌다 마주치곤 하던 꼬마는 기운찰 뿐 아니라 놀라운 데가 있었다. 모두와 대화하는 능력을 가지고 있었다, 그게 돌이든 꽃이든 새든 심지어 전봇대든. 나는 버스를 기다리는 중이었다. 나를 엿보던 꼬마가 마침내 다가왔다.

"방금 떠났는데요."

"응?"

"버스 또 오려면 13분 있어야 해요."

꼬마는 전광 안내판을 가리켰다. 나도 안내판을 바라봤다. '13분'이라는 숫자와 글자가 눈에 들어왔다. 참 싱거운 순간이었다. 할 얘기가 없어서 가만히 있는데 꼬마는 내 옆에 앉았다. 난감했다. 13분을 어떻게 견디지. 그러나 꼬마가 입을 연 순간, 그건 부질없는 걱정일 따름이었다.

"엄마는 낯선 사람과 얘기하지 말랬어요."

머리에 오만 가지 생각이 교차했다. 하지만 입을 뗄 수 없었다. '나는 나쁜 사람 아니니까 얘기해도 돼', '엄마 말 안 듣고 왜 말을 붙이니?', '너 참 당돌하구나' 중 적당한 말이 뭘까. 아이는 얼어붙은 내 상태를 눈치챈 것 같았다. 아니 어쩌면 나를 그런 상태로 만들기 위해 선수를 친 건지도 몰랐다. 꼬마가 또 말을 이었다.

"하지만 아줌마는 낯선 사람이 아니잖아요. 우리 몇 번 봤죠?"

그 말에 내 마음은 대번 풀렸다. 나만 꼬마를 기억하는 게 아니라 꼬마도 나를 알아보는 것이다. 버스정류장 근처 놀이터에서 온갖 존재들에 말을 건네며 놀 때, 자신을 경이로운 눈길로 지켜보곤 하던 나를.

전광판 안내와 달리 버스는 11분 만에 왔다. 그동안 꼬마가 사는 곳, 가족 관계, 다니는 학원, 못마땅한 친구, 동전 모으기 취미 등에 대해 알게 됐다.

"아줌마는요, 아줌마에 대해서도 말해 줘야죠."

버스 앞문이 열렸는데 꼬마는 그렇게 말했다. 나를 붙잡았다.

"다음에. 지금은 약속이 있어서 가 봐야 해."

그날 꼬마와 헤어진 뒤 아직 만나지 못하고 있다. 이제 추워져서 놀이터에 못 나오는 건지도 모른다. 동생이랑 매일 게임 같은 걸 하며 지내는 지도. 적은 확률로 이사했을지도 모른다. 버스정류장에 갈 때마다 나는 놀이터를 힐긋 보는 버릇이 생겼다. '아줌마는 말이야'로 말문을 열어 볼까 하는데 기회가 없다. 정류장엔 늘 사람들이 있지만, 함께 대화하고픈 꼬마가 없는 것이다. 그 애와 충분히 만나지 못했는데.

당신을 환대합니다

'환대歡待'는 '기쁘게 맞아들임'이라는 뜻이다. 그 안에는 베푼다는 의미가 들어 있다. 그러니까 누군가를 환대하려면 적어도 이 세 가지 조건을 갖춰야 한다. 기뻐할 것, 나의 영역으로 들일 것, 내 시간과 물질을 들여 넉넉한 만남을 가질 것.

칸트는 모든 사람이 환대받을 권리를 가진다고 말했다. 실제로 그는 유쾌하고 대화를 즐기는 철학자였다. 그런데 칸트의 환대 개념은 조건 없는 환대에 이르지는 못했다. 권리의 이면에는 의무가 있기 때문이었다.

철학자 레비나스Levinas는 다른 이에 대한 윤리를 강조했다. 그는 '태양 아래 나의 자리'에 대해 질문을 던졌다. 내가 그곳에 존재함으로 인해 밀려난 다른 사람을 생각하라는 것이다. 사회적 위치와 지위, 편리한 문명 생활, 높은 수준의 교육, 안락한 거처와 멋진 물건들. 내가 이런 것들을 가졌다면 반대편엔 못 가진 사람들이 있다. 지구상엔 무수히 많은 사람이 살고 물질이나 서비스는 유한하기 때문이다. 레비나스는 그들의 얼굴을 기억하라고 말했다. 우리는 다른 사람을 통해서만 '자기 자신'이라는 1인칭적 유한성에서 탈출할 수 있다. 그리스인 조르바처럼 어울리고 춤추고 환대하는 법을 알게 될 때 인간은 자유로워진다.

철학자 데리다Derrida는 상대가 누구이든, 어떤 이름으로 불리는 존재이든 판단하지 말라고 말했다. 그를 긍정하고 함께하고 시간을 보내라고 했다. 상대방은 물론 나 자신이 어떤 이름으로 불리는 사람인지도 상관 말고. '나'라는 사람의 정체성을 넘어서 혹은 잊은 채로.

환대, 환영하고 음식을 나누고 함께 시간을 보내는 일. 만약 나에게 다른 사람을 환대할 여유가 있다면 잘 살고 있는 것이다. 누구나 납득할 수 있는 '잘 산다는 것'의 기준은 그런 것이다. 식료품을 한두 가지 덜 사더라도 다른 사람을 위해 꽃을 사는 것. 언제 마주칠지 모를 길고양이를 위해 통조림을 가지고 다니는 것. 바로 맛있는 통조림을 핸드백 속에, 향수를 수납하기로 돼 있는 바로 그 공간에.

신나게 돌아보자 지구 한 바퀴

@ 자유여행 or 패키지여행

내가 모든 걸 계획, 준비, 결정해서 떠나는 자유여행은 매력적이야. 아직 문명이 발달하기 전에 조상들이 경험했던 유랑과 비슷한 점이 있어. 낯선 곳에서 낯선 경험을 만끽할 수 있지. 호기심이 많거나 다른 사람과 부대끼는 것을 좋아하지 않는다면 자유여행이 좋겠지. 그야말로 여행이 주는 해방감, 기쁨 등을 누릴 수 있어.

패키지여행의 이점도 무시할 수 없어. 여행사에서 숙소, 여행 경로, 안내원 서비스 등을 준비해서 여행객을 모으는 것 말이야. 자유여행을 하고 싶어도 준비 시간이 없거나, 낯선 경험보다는 안정된 분위기를 선호하는 경우 패키지여행 상품을 이용하지. 또 패키지여행은 짧은 시간 안에 비교적 많은 곳을 둘러볼 수 있다는 장점이 있어. 열차 도착시간이라든지 박물관 해설 시간 등에 정확히 맞춰 진행하기 때문에 시간 낭비가 거의 없는 거야.

자유여행과 패키지여행은 각각 장단점이 뚜렷해. 그래서 최근엔 숙소와 비행기 편은 미리 예약해 두고 나머지 일정은 자유롭게 즐기는 경우가 많아. 자유여행과 패키지여행을 반반 섞어 장점만 취하는 거지.

@ 서울 사는데 서울을 여행한다고?

자기가 사는 고장을 구석구석 아는 사람은 드물 거야. 서울은 600년 동안이나 우리나라의 수도 자리를 굳건히 지켜 온 도시야. 역사적으로나 문화적으로 볼거리가 풍성하고, 북한산 등 수려한 산으로 둘러싸여 아름답지.

궁궐 산책은 어떨까? 조선 시대에 세워진 4대 궁궐은 경복궁, 창덕궁, 창경궁, 덕수궁이야. 이곳 궁궐들의 역사를 되짚어보고 건축양식과 정원을 살펴보는 일은 특별한 경험이 될 거야. 주위에는 북촌과 서촌 길 등 옛 멋이 풍기는 산책로가 있어.

둘레길을 걸어보는 것도 의미있는 일일 거야. 서울 둘레길은 총 길이가 157km나 돼. 8개 코스가 있는데, 걷기 쉽고 시간도 적게 걸리는 것은 6코스 안양천 코스야. 4시간 20분 정도 걸린다니 도전해 볼 만 하겠지? 서울 둘레길은 완주하려는 사람들이 꽤 있어. 그래서 자신이 완주했다는 걸 인증하기 위해 스탬프 앱을 깔거나 전용 종이에 스탬프를 찍는다고 해.

서울에는 이색적인 박물관이 많아. 부엉이박물관은 부엉이 공예품, 부엉이 그림, 부엉이 시계들로 가득해. 짚풀생활사박물관은 짚풀로 만든

노롱이, 삼태기, 초가, 똬리 등이 전시돼 있어. 짚풀로 여치집 등을 만드는 체험도 해 볼 수 있지. 쉼박물관에는 상여나 꼭두 인형 등이 전시돼 있어서 우리 조상들의 장례 풍습을 엿볼 수 있어. 이밖에도 북촌생활사박물관, 우리소리박물관, 공연예술박물관, 다문화박물관 등이 곳곳에 숨어있지.

서울뿐 아니라 우리나라의 어느 고장이든 이렇게 '역사' '자연' '문화' 등 테마를 정하면 여행 계획을 세우기가 쉬워져. 전북, 울릉도 등 지역별 투어패스를 이용해 보는 것도 알차고 실속있는 방법이야. 전라북도의 경우 14개 도시와 군, 80여 개의 관광지를 투어패스로 즐길 수 있어. 할인되는 가맹점도 있으니까 그런 정보는 놓치면 안 되겠지.

@ 무제한 자유 기차여행 - 내일로 패스

가족이나 친구들과 며칠 기차여행을 다녀오고 싶다면 내일로 패스를 추천하고 싶어. 이용 기간 안에, 전국 어느 역이든 내가 원하는 곳에서 승하차할 수 있거든. 이용시간도 제한이 없고 말이야. '코레일톡' 앱을 깔면 원하는 열차를 선택한 다음 좌석까지 지정할 수 있어서 편리해. 게다가 만 25세 이하인 사람의 요금은 성인 요금의 절반밖에 안 돼. 다만 유의사항이 있어. 항상 내일로패스 티켓, 좌석(입석)이용권, 신분증을 모두 지니고 다녀야 해. 그 점만 지킨다면 걱정 끝, 행복한 여행 시작이지.

@ 해외여행 전 체크할 사항들

우리나라가 아닌 곳으로 떠나려면 여권이 있어야 해. 나라에 따라서는 비자를 요구하기도 해. 여권은 구청이나 군청 등에서 신청하면 돼. 이미 여권이 있는 경우엔 유효기한을 살펴봐. 유효기한이 6개월 미만인 경우, 일부 국가들은 입국을 거부하거든. 여권은 아무 데나 두지 말고 보관을 잘 해야 해. 재발급할 때 유효기간이 남아 있는 여권을 지참해야 하니까.

여행이든 일상생활에서든 안전과 건강은 아무리 강조해도 지나치지 않아. 해외 여행을 한 달쯤 앞뒀다면 병원에서 건강 체크를 하는 게 좋아. 열병에 걸릴 위험이 있는 지역에 간다면 예방접종을 해야 하지. 모기로 전염되는 말라리아 같은 병은 예방약을 몇 주 동안 먹어야 안전하다고 해. 이밖에도 모기 기피제 등을 준비해서 적극적으로 몸을 보호해야 해.

여행을 마치고 돌아온 다음에 열이 나거나 설사, 구토, 호흡곤란 등 증상이 나타나면 어떻게 해야 할까. 아직 공항에 있다면 '건강상태 질문서'에 성실히 기재하고 검역관에게 반드시 신고해야 해. 집으로 돌아와 며칠 혹은 몇 개월 지난 뒤에야 증상이 나타날 수도 있어. 이때는 보건

소나 종합병원을 방문해 어느 나라를 다녀왔는지 보고하고 진료를 받아야 해.

여권과 신용카드엔 내 이름을 영문으로 기재하게 돼 있지. 여권의 영문명과 신용카드(체크카드)의 영문명은 같아야 해. 예를 들어 '이훈식'을 카드에는 'Lee hunsik'으로, 여권에는 'Yi Hoon-sik'으로 표기하면 안 된다는 거지. 둘 중 하나로 통일시켜야 해. 외국에선 여권과 카드의 영문명이 다를 경우 카드 결제를 거부하는 일이 잦아. 그리고 신용카드 서명란엔 '용龍'이나 '가嘉'와 같이 복잡한 한자를 쓰는 게 좋아. 혹시 누군가 카드를 훔치더라도, 한자 문화권에 살지 않는 외국인은 이런 서명을 흉내 낼 수 없다고 해.

외국에서 렌터카를 빌리고 싶다면 국제운전면허증을 발급받으면 돼. 이 면허증은 유효기한이 1년이야. 제네바도로교통협약에 가입된 나라에서 자동차를 운전할 수 있어. 이때 반드시 렌터카 보험 확인하고, 자동차에 흠집이 있다면 미리 증거 사진을 찍고 알려야 해.

@ 낯선 곳에서의 든든한 동반자, 여행 앱

휴대폰에 가장 우선적으로 설치해야 하는 앱은 '해외안전여행'이야. 우리나라 외교통상부에서 해외 여행자를 위해 여러 가지 정보를 알려주는 어플이지. 지진이나 홍수 등 자연재해, 갑작스런 유행병, 예상치 못

한 분쟁 등을 겪을 때 어떻게 대처해야 하는지 알려주니까 꼭 설치해야겠지?

언어가 통하지 않아 해외 자유여행을 못 간다는 변명은 이제 사라질 것 같아. 번역 앱을 이용하면 문자로도 음성으로도 즉시 통역이 되니까.

이밖에도 숙소, 비행기 티켓, 택시, 지도, 환율 정보 등이 필요할 때 앱을 이용할 수 있어. 이렇듯 앱은 편리하고 든든하지만, 너무 의존하다 보면 여행의 참맛을 잃게 될 거야. 작가 앤드류 매튜스Andrew Matthews는 이렇게 말했어. "목적지에 닿아야 행복해지는 것이 아니라 여행하는 과정에서 행복을 느끼는 것이다."

쿨하게 문밖을 나서 보는 거야

인생은 자전거를 타는 것과 같다. 균형을 잡으려면 움직여야 한다.

— 알버트 아인슈타인 Albert Einstein

모두에게 굿맨

나는 잘 웃었다. '푼수'라는 별명이 어색하지 않았다. 잘 울었다. 남들이 보고 있는데도 눈물이 흘렀다. 나는 아무것도, 누구에게도 숨기지 못했다. 모든 감정이 표정으로 드러났다. 그러던 어느 날 거울을 보니 웃음을 잃은 지 오래돼 얼굴이 사막 같았다. 내 웃음은 어디로 다 증발해 버린 걸까.

돌이켜보면 아주 어릴 적부터 "미안해"라는 말을 달고 살았다. 미. 안. 해. 내가 혹시 잘못했을지도 모르니까. 미. 안. 해. 나 때문에 힘들었을 거야, 물론 이유는 모르겠어. 미. 안. 해. 미안한 이유를 몰라서. 진심으로 미. 안. 해. 내가 존재한다는 사실이. 그렇게 혼자서 한껏 비참해지고 나면 남들이 보고 있는데도 눈물이 흘렀다.

웃음을 잃은 건 나 자신에게 미안해서였을까. 웃음은 내 전 재산이었다. 정확히 고등학교 시절부터 웃기 시작했는데, 웃기 시작하자 세상은 나를 받아들였다. 중학교 시절까지는 이리 치이고 저리 치였다. 허깨비같이 마른 몸을 하고 구석진 곳만 걸었다. 특징도 없고 잘하는 것도 친구도 없었다. 결정적인 약점은 일본풍 헌 옷이었다.

아버지 쪽 친척 중에 일본에서 사업에 성공한 할아버지가 계셨다. 그분이 한국으로 나올 때면 우리 가족은 호텔로 가서 찾아뵙곤 했다. 할아버지는 당당하고 위압적이고 용돈을 많이 주셨다. 일본의 가족들이 입던 헌 옷을 한 보따리 내밀었다. 내 또래가 입는 옷이랑은 많이 다른 데다 좀약 냄새도 풍기는 꽃무늬 블라우스와 노란 바지를 꺼내며, 나는 감탄사를 내질렀다. 그때는 어린 여중생이었다. 일본풍 옷을 입고 등교하는 동안 나는 아무에게도 내가 보이지 않길 바랐다.

고등학교 때, 가끔 일본풍 옷을 입다가 그만뒀다. 그때는 교복을 입지 않던 시절이었다. 다행히 집엔 계절에 따라 버틸만한 단벌옷들이 있었다. 할아버지도 점차 귀국이 뜸해져서 만날 일이 없었다. 용돈을 생각하면 아쉬웠지만 그뿐이었다. 피차 정이 들기엔 갑을 관계가 뚜렷했다. 보따리에서 레이스 겹겹 달린 민소매 상의 같은 걸 꺼내지 않아도 되니 다행이었다. 그걸 입지 않아도 되니 마음이 놓였다. 일본 옷에서 벗어나자 왠지 세상에 덜 미안해졌다. 이유는 아직도 모르겠다.

어쨌든 고등학교 시절, 나는 웃을 수 있었다. 웃으니까 사람들이 좋아해 줬다. 사람들이 좋아해 주는 내가 좋았다. 웃으니까 모두에게 좋은 사람이 될 수 있구나. '그럼 정말로 좋은 사람이 돼야겠다' 라고 다짐했다, 글짓기 숙제의 마지막 문장처럼.

몇 년 전부터는 웃음을 잃었다. 하이에나 때문일까.

하이에나 하이에나

TV에서 동물 다큐를 봤다. 옛날부터 기분 나쁜 웃음의 대명사로 알려진 하이에나의 웃음소리가 들려왔다. 살풍경이 이어졌다. 아직 사자가 뜯고 있는 고깃덩어리를 둘러싸고 눈치작전이 치열했다. 하이에나가 웃으며 다가갔다 쫓겨났다. 슬금슬금 피한 하이에나는 다시 웃음소리를 내며 다가갔다. 귀찮게 굴어서라도 사자의 식량을 뺏으려는 것일까. 낄낄거리는 웃음소리만 아니라면 그런 오해는 받지 않을 텐데. 그런데 미안하지만, 하이에나가 웃을 때마다 오해를 안 할 수가 없다.

웃어도 환영을 못 받는 하이에나는 오랫동안 기억에 남았다. 그 동물을 더 천덕꾸러기로 만드는 것은 슬금슬금 눈치 보는 행동과 인간의 눈에 들지 않는 외모 탓인듯했다. 생각해 보면 하이에나는 초원에서 그리 약한 동물이 아니다. 사자 다음으로 음식을 먹을 수 있다는 건 그 세계에선 2인자란 얘기다. 사자를 열 받게 만드는 것도 보통내기는 못 한다. 사자는 하이에나 때문에 계속 신경을 쓰고 가끔은 힘을 과시하기 위해 잡아 죽인다. 사자로서는 인정하기 힘들겠지만, 두 동물은 라이벌이다.

TV에서 하이에나를 본 뒤로 묘하게 기분이 나빠졌다. 하이에나가 싫어서가 아니고 '왜 웃는 자가 멸시당하나'라는 질문에 정면으로 마주쳤기 때문이었다. 하이에나는 먹이를 뜯고 있는 사자에게 웃으며 다가간다. 그러다 쫓겨난다. 사자가 먹이를 뜯지 않을 때는 하이에나도 웃을 필요가 없다. 자기들끼리 모여 시간을 보내면 그뿐이다.

나도 모르는 사이 감정노동

웃음은 때로 정치적이다. 그걸 문득 깨달았을 때 나는 하이에나 식으로 웃고 있었다. 사자 주위에서, 아직 붉은 살점이 붙은 고기가 있을 때 짓는 웃음. 상대가 직장 상사이거나 지위가 있을 때 억지로 웃어 보이는.

은연중 일상생활에서 감정노동을 하고 있었다. '잘 보이고 싶은' 대상을 만날 때마다 내 감정을 속이고 살았다. 따분한데 신나는 척하기. 관심 없는데 계속 맞장구쳐 주기. 썰렁하지만 억지로 웃어주기. 내 아픈 데를 찌르는 데도 아무렇지도 않은 듯 넘기기. 감정과 표현이 따로 놀 때마다 극심한 피로가 몰려왔다. 가식에는 확실히 대가가 따랐다.

한때 소비자 민원을 듣고 접수하고 해결하는 일을 했다. 많은 사람이 자신의 불만을 차근차근 설명했다. 하지만 가끔 밑도 끝도 없이 화부터 내는 사람도 있었다. 그런 소비자를 연달아 세 명쯤 거치고 나면 온 신경이 곤두섰다. 어쨌든 내가 할 일이었다. 여러 곳에 전화를 걸어 문제를 해결해 주고 나면 내게도 여유가 생겼다. 그러나 한숨을 돌릴 때쯤이면 아까 화를 냈던 고객들이 다시 연락해 왔다. “나는 원래 그런 사람이 아닌데 하도 속상해서 그랬다”라고 말하기 위해서였다. 그런 사람이 아니라는 것, 그 말은 “무례하게 굴었지만, 모든 사람에게 ‘잘 보이고’ 싶다. 좋게 봐 달라”라는 뜻이었다. 그런 소리를 들을 때마다 피곤함과 동시에 안쓰러움이 밀려들었다. 대체 왜 나에게까지 ‘좋은 사람’으로 남으려는 걸까. 좋은 이미지, 그게 뭐길래. 어쩌면 생각보다 많은 사람이 일상생활에서 감정노동을 자청하는지도 모른다. 은연중에 남을 ‘갑’의 위치에 놓고, 잘못 보일까 봐 쩔쩔매는지도 모른다.

소비자 민원 업무 일을 그만두고 나서 나의 웃음은 증발했다. 잘 웃을 때보다 인상이 덜 좋다는 사실은 별문제가 아니었다. 사랑과 인정을 얻기 위한 억지웃음을 줄이자 삶의 주도권이 점차 내게로 넘어왔다.

노맨

사바나 초원에 엎드려서 힘겹게 사냥한 고기를 뜯고 있는 사자에게 하이에나가 다가온다. 웃고 눈치를 보며 온다. 사자는 본능적으로 하이에나의 의도를 알아차린다. 자신에게 얻을 게 있을 때 접근한다는 것을. 사실 하이에나는 자연의 섭리대로 살뿐 잘못이 없다. 그렇지만 해석하기를 좋아하는 사람들은 이 동물 때문에 불편하다. 강자, 다시 말해 '얻어먹을 게 있는' 자에게 다가가는 자신의 모습이 겹쳐지기 때문이다. 웃으면서, 내쫓기며, 여전히 계속 웃으면서 끈질기게 다가서는.

사바나의 두 라이벌이 대결을 통해 얻으려는 건 썩어가는 고기가 아니라 주도권인지도 모른다. 사자는 계속 "No"를 외친다. 하이에나는 사자의 거절을 끊임없이 거절하는 방법으로 "NO"를, 실실 웃는 행위로 "Yes"를 표현한다.

사자가 거절하는 주체인 건 힘과 고기를 모두 갖고 있기 때문이다. 사자는 다른 동물에게 얻어먹지 않는다. 사자와 달리 내게는 권력도 자본도 없다. 그래서 거절이 쉽지 않았고, 지금도 잘 못 한다.

아무 때나 웃는 버릇은 고쳤지만, 구석에선 여전히 울면서 산다. 그러나 거절하는 게 아주 불가능할 것 같진 않다. 한 가지 확실한 점이 있어서다. 야생동물이 아니라 사람이라는 것.

'거절'이라는 쿨링팬

이 땅에 사는 사람들을 생각하면 경이롭다. 그 무수한 사람들이 먹고 잠들고 대화하고 사랑하고 싸운다는 것이. 우리는 모두 어딘가에 기대지 않고는 살 수 없는 존재다. 자기만의 길을 걸어가는 동안에도 서로 의지할 수 있는 만남을 꿈꾼다. 그렇게 살아간다.

나는 첫눈에 반하곤 한다. 처음 마주하는 사람에게서 결점을 발견하는 일은 거의 없다. 타인을 긍정할 줄 아는 나의 태도는 꽤 괜찮은 것 같다. 그렇다, 나는 좋은 사람일 확률이 높은 것이다. 문제는 내가 자신에게 이끌린다는 걸 상대도 알아차린다는 점이다. 마치 하이에나가 고기에 이끌린다는 걸 아는 사자처럼. 이렇게 되면 관계는 점점 상대방 중심으로 돌아가게 된다. 내가 그를 받아주고 부탁을 들어주고 시간 들여 헌신하는 것은 당연한 일로 굳어진다. 점점 거절하는 일이 힘들어진다. 결국엔 관계에 지쳐서 슬그머니 물러날 수밖에 없다. 그러는 사이 상대는 정반대 입장이 된다. 내게는 속엣말을 쏟아낼 수 있고 거리낌 없이 대할 수 있고 부탁도 할 수 있으므로 더 가까이 다가온다. 내가 이전만큼 반응하지 않으면 화를 낸다. 둘 다 서툰 대응을 한 탓에 사이가 벌어지고 만다.

좋아한다는 이유로 누군가를 받아만 주는 것은 서로에게 독이 될 수 있다. 한쪽만 져 주는 가위바위보는 곧 끝나고 만다. 관계를 오래 유지하려면 심리적으로 동등해야 한다. 현실에서 관계는 종종 한 방향으로 과열되므로 '거절'이라는 쿨링팬을 돌려야 한다.

거절은 할 줄도 알고 당할 줄도 알아야 한다. 가끔 뉴스에서 거절을 참지 못해 일어난 사건들을 보곤 한다. 사건을 일으킨 사람들은 거절을 모욕이나 치욕, 굴욕으로 여기는 경향이 있다. 그게 아니다. 거절은 그냥 거절이다. '모두에게 굿맨이 아닌 그'가 '모두에게 굿맨이 아닌 나'를 밀어내는 건 있을 수 있는 일이다. 더 솔직히 말하면 흔하다.

대화의 리허설

“거절을 연습해 봐.” 몇 년 만에 만난 친구는 그렇게 조언했다. 그러나 평소 ‘예스맨’이던 내가 그 순간은 ‘노맨’이 되고 말았다. “연습해봤자 실전에선 거절 못 할걸.” 친구는 잠시 침묵하다가 이렇게 물었다. “혹시 누굴 만나러 가기 전엔 대화 리허설을 해?” 나는 고개를 저었다. 대체 누가 그런 걸 하고 나간단 말인가. 그러다 불현듯 어떤 생각이 머리를 스쳤다. 나는 바짝 다가앉으며 물었다. “너는?” 예상대로 친구는 미리 대화 연습을 하고 나간다고 말했다.

그에 따르면 대화에는 ‘정보교환’, ‘일상사나 근황 얘기’, ‘자랑이나 한탄’, ‘뉴스 등 대중적인 이슈’, ‘제삼자에 대한 평가’, ‘유쾌한 티격태격’, ‘제안과 수락, 혹은 불응’, 그리고 ‘부탁과 거절’ 등이 있다고 한다. 그리고 친구가 보기에 나의 부족한 부분은 ‘부탁과 거절’이었다.

“내가 왜 거절을 연습하라고 했는지 이해하지?” 덧붙여 친구는 부탁하는 연습도 해 보라고 조언했다. 부탁과 거절은 동전의 앞뒷면이라서 따로 떼어 생각할 수 없다는 것이었다. 나는 ‘거절’이라는 짐을 내려놓으려다가 ‘부탁’이라는 짐까지 짊어진 당나귀가 되고 말았다.

아직 친구의 '부탁과 거절 연습' 요청은 이행하지 못했다. 그러나 확실히 알게 된 것들은 있다. 그중 하나는 내가 왜 부탁이나 거절을 못 하는지에 대한 자기분석이다. 부탁을 못 하는 것은 부담스러운 사람이 되기 싫어서이고, 거절을 못 하는 건 잘 보이고 싶기 때문이다. 특히 아무 이유 없이 미안해지고 쩔쩔맬 때가 많은데, 그건 상대의 기분을 내 책임으로 돌리는 경향이 있어서다.

또 하나 알게 된 것은 누군가를 만나러 갈 때 대화 리허설까지는 아니더라도 말할 거리 정도는 준비해야 한다는 것이다. 대화하다 보면 어떤 사람과는 주로 일상사를, 다른 사람과는 정보를 나누게 된다. 사람에 따라 대화 패턴이 나뉜다. 그러므로 약속이 정해지면 그 사람과 하게 될 대화 내용을 예측할 수 있다. 내가 말할 거리를 준비했다면 상대방이 일방적인 부탁이나 자기 자랑만 계속할 경우 치고 들어갈 수 있다. 화제의 방향을 바꿀 수 있다. 그러나 아무 준비 없이 만나다 보면 나는 결국 그의 의지대로 움직이게 된다.

게이머가 날린 결정타

배드민턴 셔틀콕이 날아온다. 나는 상대가 날려 보낸 셔틀콕을 라켓으로 탄력 있게 받아친다. 상대도 내가 받아친 셔틀콕의 힘과 방향을 유심히 보고 부드럽게 넘겨준다. 다시 내게로 상대의 셔틀콕이 날아온다.

교류분석을 창시한 정신의학자 에릭 번Eric Berne의 '스트로크'에 대해 듣다 보면 배드민턴이 생각난다. 라켓으로 셔틀콕을 치는 행위가 스트로크다. 이것을 잘하려면 내가 받아치기 좋은 위치로 움직여야 한다. 움직이려면 상대의 의도를 잘 읽어야 한다. 문제는 나와 상대의 관계다. 기분 좋은 게임 한 판이 목표라면 누가 이기고 지고는 상관없다. 하지만 둘 중 한 사람이 어떻게 해서든 이기겠다는 마음을 먹는 순간 그는 심리 게이머가 된다. 그때부터 게이머는 언제든 결정타를 날릴 수 있는 사람이 된다.

동화책을 읽다 보면 "모두가 공주의 탄생을 축복했습니다" 또는 "그 후로 왕자와 공주는 행복하게 살았습니다"라는 대목들이 나온다. 국민이 다 '예스맨'과 '모두에게 굿맨'인 경우, 또는 심리적 평등을 달성해서 착취와 지배가 없는 나라라면 가능하겠다. 그러나 동화 속 세상에도 '노맨' 요정이 나타나 공주를 잠에 빠뜨리고, 야비한 심리 게이머가 트릭을 써서 주권을 휘어잡는다.

에릭 번이 말하는 '스트로크'는 어루만짐과 자극을 의미한다. 수많은 만남과 이별을 경험해 온 지금, 돌이켜보면 스트로크가 없거나 불량한 만남은 사랑이 아닌 것 같다. 흔히 말하는 '나쁜 남자, 나쁜 여자'란 마음을 어루만질 줄 모르는 사람을 뜻한다. 분명 그들에게도 어떤 매력이 있어서 이끌렸겠지만 오래 연인관계를 지속해선 안 된다. 사실 이들은 '나쁜 사람'은 아니고 '아픈 사람'이다. 그들이 주는 아프고 나쁜 반응이라도 얻고 싶어진다면 그 관계는 위험한 수준마저도 넘어버린 것이다. 그들과 헤어지더라도 또다시 비슷한 유형을 만나 눈물로 얼룩진 연애를 반복하게 된다. 이럴 땐 자신에 대해 객관적으로 분석해줄 상담자를 찾아가야 한다. 인간은 긍정적인 스트로크를 먹고 살아가는 동물이다.

사회에 나가서 조심해야 할 것들

@ 계약할 땐 즉흥적으로 대답해선 안 돼

우리는 살아가는 동안 근로계약서, 임대차계약서 등 계약서를 작성하게 돼. 계약은 꼭 문서로만 이루어지지는 않아. 말로 하는 것을 '구두계약'이라고 하는데 이 경우에도 법적 효력은 있어. 부동산 사무실 등에서 즉흥적으로 대답해선 안 되는 이유야. 모든 대화는 충분히 생각을 거친 다음에 진행해야 해. 특히 상대방이 경험이 많은 경우 더더욱 그렇지. 그리고 나중에 문제가 생길 리 없다는 낙관적인 태도보다는 만약의 경우를 대비하는 자세가 중요해. 계약서를 작성했지만 도장은 찍지 않았다거나, 계약서가 아닌 종이에 서명하는 등의 행동도 계약으로 보는 추세이기 때문에 신중에 신중을 기해야 해.

@ 개인간 금전거래

현대 사회에서 사람들은 보통 금융회사를 통해 필요한 돈을 마련해. 하지만 정말 급하고 절실한 상황에 놓인 지인에게 돈을 빌려주는 일들도 간혹 발생하지. 이때 차마 요구하기가 어려워서, 설마 갚지 않을까 싶어서 차용증 작성을 망설일 수 있어. 차용증은 돈이나 물품을 빌려줬다는 사실을 증명해주는 문서야. 내가 받지 않아도 되는 돈이라면 몰라도, 내게도 꼭 필요한 돈이라면 차용증을 작성해야 해. 상대가 돈을 갚기 시작했다면 영수증을 써 줘야 해. 차용증이나 영수증 등 서식은 책이나 인터넷 정보를 통해 얻을 수 있어.

@ 공증에 대해

길을 걷다 보면 '공증'이라는 글씨를 내건 사무실들을 볼 수 있어. 그런 곳에서 계약서, 차용증, 유언장 등을 공증받으면 많은 분쟁을 예방할 수 있지. 공증된 문서는 강력한 증거능력을 가져. 그리고 공증 사무실에서 문서를 25년간 보관하기 때문에 문서 분실의 걱정에서 벗어날 수 있게 돼.

@ 근로계약서

공부하면서 아르바이트로 용돈을 버는 일이든 직장에 들어가 생활비를 버는 일이든, 내가 직접 땀 흘려 노동의 대가를 얻는다는 건 뿌듯한 일이야. 이때 근로계약서를 체결하게 되는데, 기재되는 내용을 꼼꼼히 살펴봐야 해. 정직원이 아닌 계약직 또는 아르바이트로 일하게 됐다면 계약기간을 명시해야 해. 그리고 근로시간이 4시간인 경우에는 30분 이상,

8시간인 경우에는 1시간 이상의 휴게시간이 있어야 해. 이외에도 임금, 휴일과 휴가, 직원의 의무, 퇴직금, 퇴직에 대한 절차 등의 내용이 들어있어야 하지. 퇴직금은 만 1년 근무했을 경우 30일분의 평균 임금을 받을 수 있어. 혹시 임금이나 퇴직금을 받지 못하게 됐다면 고용노동부 상담센터를 이용할 수 있지.

@ 실업급여에 대해

실업급여란 직장을 잃고 다음 직장을 구하는 동안 지급되는 급여를 말해. 이것을 받으려면 여러 조건이 충족돼야 하니까 미리 숙지해 둬야 해. 우선 고용보험에 가입돼있는 사람에게만 해당돼. 또 퇴사일 기준으로 18개월, 그러니까 1년 반 정도의 근로기간을 살펴봐야 해. 이 기간 안에 최소 180일 이상 고용보험에 가입돼 있어야 하거든. 또한 퇴사일로부터 1년 이상 지나지 않아야 하고, 지정 기간 안에 2번 이상은 구직 활동을 해야 해.

가장 중요한 건 퇴사 사유야. 원칙적으로는 내가 원하지 않았는데 당하게 된 비자발적 퇴사 시에 지급돼. 하지만 자진퇴사의 경우에도 정당한 이유가 있다면 실업급여 수급 인정을 받을 수 있어. 예를 들어 회사에서 괴롭힘을 당했거나 임금이 체불되는 등의 경우지. 이런 예외 사항들은 범위가 좁고 정해져 있으니까 혹시 퇴사를 앞두고 있다면 반드시 미리 확인해야 해.

특히 사직서를 쓰게 될 때는 조심하기 바래. 나는 더 다니고 싶은 데도 회사에서 사직하라고 하는 경우, 반드시 권고사직서로 작성해야 해. 회사에서 일반사직서를 원한다 해서 그런 서식으로 작성하면 안 돼. 자진퇴사로 오해를 받아 실업급여를 못 받을 수 있으니까. 또 드물지만 회사 측에서 원하는 내용을 사직서에 기재하라고 강요하기도 해. 사직서를 써야 퇴직금, 실업급여를 받을 수 있다고 기망하는 경우도 있어. 조금이라도 의심이 든다면 사직서 작성을 미루고 고용노동부나 전문기관의 상담을 받는 게 좋아.

타오르는 열정으로

열정은 사람을 온전히 현재에 있게 한다.
그의 시간은 완벽한 순간과 순간들의 연속으로 이루어진다.

— 수 핼펀 Sue Halpern

소피 제르맹의 눈 내리는 다락방

프랑스대혁명 시대에 수학자 소피 제르맹Sophie Germain이 살았다. 그녀는 남들의 눈을 피해 다락방에 숨어서 공부했다. 다락방은 구석구석 살얼음이 끼어 있었고 몸을 얼어붙게 만드는 냉기로 가득했다. 잉크조차 얼고 있었다. 소피의 아버지는 부자였지만 딸이 수학을 하는 게 못마땅해 불씨를 빼앗아 버렸다. 그에게 있어 수학이란 여자에겐 아무 쓸모없는 학문일 뿐이었다. 아버지가 바라는 건 딸이 상류층 여성의 소양을 갖추는 것이었다. 사교계의 예절을 배우고, 우아한 태도를 지니기 위해 노력하기 바랐다. 하지만 소피는 담요를 둘러쓴 채 꽁꽁 언 돌칠판과 문제들을 붙들 뿐이었다. 벽과 방바닥에까지 숫자를 써가며 연구에 매진했다.

그런 딸을 발견할 때마다 아버지는 화가 머리끝까지 치솟았다. 수학을 한다는 게 못마땅한 건 둘째치고라도, 당시엔 여자에게 전문지식을 배울 기회가 열려 있지 않았다. 대학에선 여성을 받아주지 않았다. 그러나 소피는 굴하지 않았다. 라그랑주Lagrange, 가우스Gauss 등 위대한 수학자들에게 직접 편지를 보내 교류의 물꼬를 텄다. 그러기 위해 자신이 여자라는 걸 숨겨야 했다. 그녀는 '르블랑'이라는 남학생의 이름으로 활동했다.

소피가 죽은 뒤 몇 백년이 흘렀지만 그녀의 학문적 업적은 세월이 흐를수록 빛을 발하고 있다. 소피는 독자적으로 탄성 이론을 개척했고 정수론 분야에서 큰 업적을 남겼다. 그녀가 발견한 '소피 제르맹 소수'는 암호학에서 중요한 수로 다루어지며, 현대를 살아가는 우리와 밀접한 관계를 맺고 있다.

소피 제르맹은 열정과 끈기로 자신의 길을 만들어 나간 '독립적 존재'였다.

나는 닭죽을 못 먹는다. 어린 시절 후각이 예민했던 나는 비 올 때마다 닭장에서 풍기는 냄새로 괴로웠다. 여기에 수탉에 눈을 쪼일 뻔한 경험이 더해졌고, 프라이를 해 먹으려고 깬 계란이 부화 직전의 유정란이었던 사건까지 추가됐다. 그래서인지 오래전엔 베스트셀러 《영혼을 위한 닭고기 수프》의 제목을 보고는 한참 고개를 갸웃거렸다. '닭고기 수프'가 따뜻하고 영양가 있는 음식의 대명사로 표현되어 있었는데 그게 나에게는 이상했기 때문이었다. 여전히 나는 계란을 만질 때 바로 손을 씻어야 기분이 나아진다. 그리고 30개가 들어 있는 계란 한 판은 사 본적이 없다. 마지노선은 항상 10알이다.

언젠가 마트에서 닭가슴살을 쓸어담는 사람을 봤다. 아마 열심히 근육운동을 하는 사람인 것 같았다. '그냥 단백질 보충제를 먹지……' 속으로 이런 생각을 하며 그쪽으로 다가가 봤다. 예상외로 냉장 닭가슴살 상품은 다양했다. 까만 후추가 박혀 있는 것, 허브 잎사귀로 덮인 것, 카레가 코팅돼 있는 것 등. 냄새가 싫어서 닭을 꺼려 왔는데 이런 상품이라면 괜찮겠다 싶었다. 카레 제품으로 하나 사서 부추를 다져 볶음밥을 만들어 먹었다.

마음의 근육도 닭가슴살로 키울 수 있을까. 왠지 마음의 근육은 단백질로 구성돼 있진 않을 것 같다. 그런 게 진짜로 있다면 데친 당면처럼 탱탱하고 유연한 성질을 가졌을 것 같다. 스트레스나 권태 따위에 지지 않고 바로바로 회복될 것 같다. 탄력을 뽐낼 것 같다.

저기 밥 딜런이 걸어간다

2016년은 미국의 팝가수 밥 딜런Bob Dylan에게 특별한 해였다. 대중음악 가수로서는 최초로 노벨문학상 수상자로 선정되었기 때문이다. 시인, 소설가 등 문학 분야만 파고든 작가들도 많은데 왜 밥 딜런일까. 어떻게 해서 그는 《일리아드》와 《오디세이》를 쓴 불멸의 그리스 시인 호메로스Homeros에 비견될 수 있었을까.

밥 딜런에게 있어 인생이란 출발하고 도착하고 다시 출발하는 일이었다. 그는 끊임없이 도전했다. 겉모습은 자유로워 보이지만 사실 지독히도 치열하게 살았다. 밥 딜런이 시와 음악의 세계에 눈 뜬 건 열 살 무렵이었다. 이후 모든 종류의 음악을 듣고 또 들었다. 문학의 고전과 시집을 탐독했다. 친구들과 어울려 곡을 만들었고 공연했고 밴드를 결성했다. 학생 시절엔 무대에서 피아노를 치며 노래했는데, 하도 거칠게 연주해서 피아노 페달이 부러질 정도였다고 한다.

밥 딜런은 자신이 좋아하던 가수를 만나기 위해 대학을 그만뒀다. 매서운 바람이 부는 연말에 기타를 둘러메고 무작정 뉴욕으로 향했다. 차편은 준비된 게 없었다. 고속도로에 서서 지나가는 자동차를 얻어 탔다. 뉴욕은 17년만의 한파로 얼어붙어 있었다. 그래도 그는 추운 줄 몰랐다.

이후로도 밥 딜런은 음악적 여정을 이어나갔다. 자신만의 정서와 신념을 시로 써서 멜로디에 실었다. 당시엔 아프리카계 미국인들에 대한 차별이 심각했다. 밥 딜런은 차별에 저항하는 시위에 참여해 노래를 불렀다. 미국 사회의 병폐 때문에 희생된 사람들을 위해 많은 작곡 활동을 했다. 그는 늘 사람들을 관찰했다. 그들에게 공감하거나 어려운 점을 함께 나눴다. 권투선수, 군인, 호텔 안내원, 빨래 걷는 사람, 조커맨 등등 모든 이가 관심의 대상이었다.

어디에나 문학이 필요하다고 생각해서 그는 노래했다. 그러느라 열렬한 마음을 가진 채 걸어갔고, 도착한 곳에서 또다시 걸었다.

생각보다 외부변수

'열정'이라는 말이 가진 좋은 뜻에도 불구하고 최근엔 비판적인 시각이 생겨났다. 아무래도 '열정페이'가 그 시작인 것 같다. 적은 돈으로 청년의 노동력을 착취하는 '열정페이'는 의외로 곳곳에 존재한다. 사자가 아닌 사장들이, 하이에나가 아닌 청년들을 하이에나로 보면서부터 비극이 시작됐다. 따지고 보면 '열정'과 '페이'의 단어 조합은 애초부터 어색하다. 게다가 누군가에게 기만적으로 착취당하는 건 열정이 아니다.

'강박열정'이라는 용어도 씁쓸하다. 강박이란 내가 아닌 뭔가가 나를 지배하는 상태다. 누구나 처음에는 어딘가에 열중하는 행위, 그 자체를 즐겼을 것이다. 그때는 내적인 동기와 자율성으로 충만했을 것이다. 그러다 어느 순간 보상을 원하기 시작하면 '강박열정'이 시작된다. 1등을 해야 하고, 칭찬만 받아야 하고, 부와 명성을 가져야만 하는 사람이 된다. 이런 생각은 곧 고통으로 바뀐다. 심해지면 도덕성을 상실한다. 돈과 인맥으로 재능을 사거나 남의 결과물에 재를 뿌리기도 한다.

열정과 끈기를 갖는 태도는 내적 동기로부터 나온다. 그러나 의외로 외부변수의 영향도 많이 받는 것 같다. 오늘은 내 열정에 눈과 귀와 브레이크를 달아줘야겠다.

나폴레온 힐은
나폴레온 힐 시대의 사람이구요

미국의 철강왕 앤드루 카네기Andrew Carnegie는 어려서부터 이재에 밝았다. 한번은 어머니와 함께 과일가게에 갔다. 딸기가 무척 탐스러워서 어린 카네기의 눈길을 사로잡았다. 한참을 서 있자 과일가게 할아버지가 한 줌 집어가도 좋다고 말했다. 그러나 카네기는 계속 서 있기만 했다. 자신보다 훨씬 손이 큰 할아버지가 집어주실 때까지.

한창 철강회사를 키워 갈 때 카네기는 노동자 탄압으로 악명을 떨치기도 했다. 그러나 말년에는 자신의 소유를 어떻게 세상에 환원할지 고민하고 실천했다. 그런 고민의 일환으로, 그는 성공 철학을 정리하고 싶어졌다. 그러려면 각 분야에서 성공한 인사들을 취재하고 분석해야 했다. 카네기가 계산하기에 그것은 20년 이상 걸리는 일이었다.

카네기가 그 일을 맡길 사람을 찾고 있던 중, 나폴레온 힐Napoleon Hill이라는 청년을 만나게 됐다. 힐은 이런 기회를 놓칠 수 없어 카네기의 제안을 받아들였다. 그리고 일하게 되었다, 20년이라는 어마어

마한 세월 동안 아무런 보수도 받지 않는 조건으로.

1928년, 힐은 전 8권으로 구성된 책 《성공의 법칙》을 세상에 내놨다. 그리고 1929년 10월말, 주가가 폭락하면서 역사적인 대공황이 시작됐다. 절망적인 상황에 내몰린 사람들은 그의 책을 읽으며 희망의 빛줄기를 붙들었다. 1930년대에 나폴레온 힐은 프랭클린 루스벨트Franklin Roosevelt 대통령의 보좌관이 되어 나라를 위해 일했다.

나폴레온 힐은 분명 훌륭한 사람이다. 그러나 21세기를 살아가는 한국인에게 그의 교훈이 모두 적용될 수는 없다. 그는 대공황 시대를 살았던 미국인이다. 그러므로 그의 교훈 중에서 '보상을 생각지 말고 열정적으로 일하라'는 우리 상황에 맞춰 재해석돼야 한다.

God 스물을 위한 체크리스트 No.12

난 이게 걱정이야

@ 언제까지 시험을 봐야 해?

중간고사, 기말고사, 수행평가, 수학능력시험, 각종 외국어시험, 각종 공모전, 입사시험, 자격증시험, 시험, 시험. 정말 끝이 없지? 대체 언제쯤 이런 게 끝나나 하는 생각이 저절로 들거야.

문맥은 다르지만 '인생은 시험의 연속'이라는 말이 있어. 계속해서 평가를 받는다는 뜻이겠지. 남의 평가는 물론이고 내가 스스로에게 내리는 평가로부터도 자유롭지 못하다는 뜻이겠지. 만약 일찍 사업에 뛰어들거나 자기만의 길을 개척한다면 시험지와 시험장에서는 벗어날 수 있을 거야. '학교-취업-승진'이라는 공식을 벗어던진다면 말야. 물론 공부가 적성에 맞는다면 그 길로 가면 되는 거고.

정말 중요한 건 내가 하고 싶은 분야를 찾는 거지. 내 능력의 최대치를 발휘할 수 있는 분야를. 그렇게 최선을 다해 살다 보면, 어느새 출제위원의 안목과 실력을 갖춘 자신을 발견하게 될거야. 평가 따위는 두렵지도 귀찮지도 않을만큼 마음이 단단해져 있을 거야.

@ 독립하고 싶어

자립하려는 생각이 강하게 든다면 틀림없이 그럴만한 이유가 있을 거야. 가족간 해결 못 할 갈등이 있다든지 캥거루족으로 살기 싫다든지. 만약 다른 지역으로 진학한다면, 혹은 취업을 해서 생활비를 벌 수 있게 된다면 자연스럽게 독립이 되겠지. 그러나 그렇지 않은 경우라면 독립의 계기가 필요해. 혼자 살고자 하는 이유가 뚜렷할수록 기회가 생기고 길이 열려. 경제적으로나 심리적으로 홀로설 수 있어야 함은 물론이야.

유학이나 워킹홀리데이를 떠나보는 것은 좋은 대안이 될 수 있을 거야. 청년 지원단체를 찾아 필요한 정보를 얻는 방법도 있고. 중요한 건 나를 지지해 줄 멘토나 조력자를 찾는 일이야. 그리고 이러한 모든 관계는 공개될 수 있는 관계여야 해. 또 부모님께 근황을 낱낱이 알려야 혹시 모를 상황에서 도움을 청할 수 있어. 온전히 홀로설 때까지, 청년의 독립은 가족과 사회에 연결돼 있어.

@ 외모가 고민이야

예쁘고 잘생긴 얼굴의 기준, 성형, 피부관리, 패션, 이런 걸 떠나서 한번 생각해 보자. 커다란 눈과 오똑한 코, 흠 없는 피부를 원하는 이유가 뭘까? 그래, '좋은 느낌'을 주고 싶어서야. 다시 말해 '좋은 느낌'을 주지 않는 잘생김은 쓸모가 없어. 분명히 이목구비가 뚜렷한데 나에게 해를 입힐 것 같은 사람이 눈앞에 있다고 생각해 봐.

좋은 느낌을 주는 눈은 타인에게 집중해 주는 눈이야. 좋은 느낌을 주는 입술은 선한 미소를 짓는 입술이야. 거짓 없는 마음으로 타인에게 미소 지을 수 있게 되면 거울을 향해 서 봐. 세상에서 제일 아름다운 사람이 거기 있을 테니까. 그래도 고치고 싶은 부분이 있다면 그건 그때 가서 생각하지 뭐.

@ 이렇게 젊은데 아픈 데가 있어

예전엔 고혈압, 당뇨병, 비만 등의 성인병이 중년층을 위협했지만 지금은 연령대가 어려졌어. 짐작하다시피 불규칙한 생활과 스트레스, 서구화된 식생활 때문이야. 이제 건강관리는 모든 세대의 지상과제가 되었어. 건강관리를 잘 하려면 부모님이나 할아버지 할머니가 어떤 병을 앓으셨는지 관심을 가질 필요가 있어. 가족력이 있다는 건 신체 중 특히 그 부분이 남들보다 허약하다는 뜻이니까.

오랫동안 희귀질환이나 난치병을 앓고 있는 경우 희망을 잃지 말고 최신 정보를 잘 알아보는 것도 중요해. 아토피성 피부염 같은 경우 불과 몇 년 전까지만 해도 스테로이드 연고나 먹는 약이 전부였지만 지금은 신약 주사제가 나와 증상을 획기적으로 완화시키고 있어. 나라에서도 건강보험 혜택을 주어 치료에 나서고 있으니까 종합병원 피부과 등에 문의해 건강을 관리해야겠지.

파이팅,
나를 응원하면서

노력하는 한 인간은 방황하고 실수한다

— 괴테 Goethe

아침에 본 쓰러진 꽃들은

비가 걷힌 다음 날 공원엔 군데군데 물웅덩이가 생겼다. 웅덩이를 건너뛰며 화단 쪽을 봤다. 들국화가 한 무리 피어 있었는데, 초겨울 비바람에 시달려서 대부분 쓰러져 있었다. 하지만 마지막 꽃 두어 송이만은 꼿꼿이 서 있었다. 아침을 바라보고 피어 있었다. 그것들이 쓰러지지 않은 까닭은 쓰러진 꽃들이 지탱해 줘서다. 나는 누구에게 말하는지 모르는 채로 중얼거렸다. "난 울지 않을게. 그러니 너도 울지 말자."

그날 밤 쉽게 잠들 수 없었다. 아침에 본 쓰러진 꽃들은 아직 그대로일까. 꽃들에게 미안하다가, 안녕을 빌어 주다가 벌떡 일어나 불을 켰다. 아까 나는 대체 누구에게 울지 말자고 한 걸까. 딱히 짚이는 사람이 없었다. 얼마간 멍하니 있었더니 몇몇 얼굴이 떠올랐다. 자정처럼 어두운 모습들이었다. 다들 꿋꿋이 살고 있을까. 잘 지내고 있다면, 그들의 발치에는 얼마만큼의 잘 못 지낸 날들이 쓰러져 있는 걸까. 그날들 틈에 나도 얼어가는 꽃으로 남아있을까.

건랭한 곳에서 마르는 채소의 힘

102호 아주머니는 초가을 볕에 별걸 다 말린다. 무, 고추, 고구마순, 표고버섯 등 채소는 물론이고 옷, 담요, 심지어는 눅눅한 신문지까지 내다 말린다. 일 년 중 그맘때가 제일 바쁘시다. 주차장 한쪽 공간, 대나무 돗자리 위에서 그것들은 바싹 말라간다. 보통 때 아주머니는 운동을 다니거나 조금 먼 재래시장으로 장을 보러 가지만 이때는 다르다. 골고루 마르지 않을까 봐 한 번씩 손으로 전부 뒤집는다. 가을 소낙비가 망쳐 놓을까 싶어서 해가 질 때까진 어디 못 가신다. 드디어 며칠이 지나 채소가 다 마르면 밀폐 용기에 담아 집 안 제일 어두운 곳에 둔다. 더러는 나도 아주머니께 두어 봉지 얻어먹는데, 그때마다 그분은 신신당부하신다. 빛 안 들고, 물기 없고, 서늘한 데 두라고. 볕에 말린 채소는 건랭한 자리에서 한 번 더 말라야 오래 두고 먹을 수 있다고. 겨우내 밥상 위에 그것들이 비축해 둔 힘을 올려놔야 한다고.

안간힘을 다한다는 것

친구는 언제나처럼 내게 힘내라고 말하고 돌아섰다. 우리 사이에는 그게 헤어질 때의 인사말이었다. 그 전날엔 내가 힘내라고 말했었다. 그때 친구는 책상에 얼굴을 얹은 채 팔을 늘어뜨리고 있었다. "힘이 있어야 힘을 내지." 그는 간신히 입을 열어 그렇게 말했다. 그렇게 말하느라 안간힘을 썼다. 나는 대꾸할 말이 없었다. 최근에 그가 얼마나 힘쓸 일이 많았는지 잘 알고 있어서였다. 얼마나 여러 곳에 힘을 내줘야 했는지도. 친구는 슬럼프에 빠져 있었다. "내게 있는 힘이라곤 기막힘과 부딪힘뿐이네." 내가 농담 삼아 그렇게 말하는데도 전혀 웃지 않았다.

예전의 그라면 '식힘'과 '묻힘'도 있다고 받아쳤을 것이었다. 그러나 친구는 유머를 잃어버렸다. '안간힘'이라는 '힘의 마이너스 통장'을 마지막 1원까지 긁어 쓴 상태였다. 맹세컨대 내게 1원어치의 힘이라도 있었다면 친구에게 줬을 것이다. 하지만 둘 다 빈털터리였다. 그렇긴 해도 그때 우리 사이에 헤어질 때의 인사말은 늘 '힘내'였다.

얼마쯤 더 지내다가 친구는 고향으로 가겠다고 말했다. 갑자기 왜 가는 거냐고 묻자 "안간힘은 여기까지만 낼 거야!"라는 말이 돌아왔다. 사실은 젖먹던 힘과 죽을힘까지 짜내며 살아왔다고 했다. 그 말에 콧등이 시렸다. 그 정도인 줄은 몰랐었다. 나는 친구에 대해 뭘 아는 사람인가. 아니, 친구라고 불릴 자격은 있나.

"네가 떠나기 전에 뭔가 근사한 걸 함께 해 보고 싶어." 나는 말했다. 연극을 보러 가자거나 당일치기 여행을 제안하려 했다. 그런데 내가 얘기를 꺼내기도 전에 친구가 선수를 쳤다. 꼭 하고 싶은 게 있다고 했다. 오랜만에 둘이서만 뭘 좀 먹자는 것. 그리 내키진 않았지만, 그의 제안을 받아들였다.

우리는 시래기 감자탕을 먹으러 갔다. 잠시 후 돼지 등뼈와 살코기, 그리고 무청 시래기 같은 것들이 매운 국물 속에서 펄펄 끓었다. 말없이 각자의 몫을 해치웠다. 다 먹은 다음에 그를 서울역까지 바래다줬다. 떠나는 친구를 위한 인사말이 필요했다. 힘내라는 말은 하고 싶지 않았다. 친구도 그런 것 같았다. 이렇게 말하고 플랫폼으로 내려간 걸 보면.

"다음에 만날 때까지 어렵더라도 힘을 만들어 보자."

이후로 더욱 무기력한 날들이 펼쳐졌다. 등을 세우고 어깨를 펴는 일조차 귀찮아졌다. 친구의 마지막 말이 맴돌았다. 힘을 만들어 보자는 말. 어떻게 만들어야 하나. 힘의 재료도 없고 그것을 제조할 기계도 없고 게다가 만들어 보려는 의지마저 없었다. 석 달쯤 지난 어느 날, 친구에게서 카톡이 왔다. 글자는 하나도 없고 근육 운동을 하는 제 사진만 있었다. 나는 답장을 보내지 않았다. 그가 운동을 권하는 건지 아니면 '나는 이렇게 힘을 만들고 있다'라고 얘기하는 건지 감이 안 왔다.

여전히 비슷비슷한 나날을 보냈다. 겨울이 한 번 지나갔고, 버드나무 가지와 볕 바른 땅에 파릇한 것들이 돋아나고 있었다. 며칠 뒤엔 그늘에서 제비꽃을 봤다. 나는 쪼그려 앉아 그 꽃을 들여다보았다. 이제 갓 핀 그 조그만 꽃잎에 검은 얼룩이 있었다. 자전거를 타던 누군가가 모르고 밟고 지나간 모양이었다. 그 꽃은 절반만 보랏빛이었다. 다음 날에도 나는 그 꽃 앞에 멈춰 한참을 보고 갔다. 해 줄 게 없었다. 힘내라는 인사도 끝내 하지 못했다. 하지만 일주일이 넘도록 그 꽃만 생각했고 그 꽃만 보러 갔다. 나에겐 절절한 사랑이었다. 어느 날 밤, 행인의 눈을 피해 그 한 포기를 캐 왔다. 제비꽃은 벽돌색 플라스틱 화분 안에서 꽤 오래 살았다. 제비꽃은 씨주머니도 만들었다. 내 눈엔 그게 힘 주머니처럼 보였다. 나는 그동안 찍은 꽃과 씨주머니 사진을 친구에게 카톡으로 전송했다. 참 오랜만의 답장이었다.

생각해 보면 별 힘도 없는 것들이 나에게 힘을 준다. 사랑의 대상이 돼 준다. 얼굴이 꾀죄죄한 길고양이, 남들 눈엔 헌옷 수거함으로 들어가야 할 긴소매 블라우스, 이천 원짜리 핸드크림, 그런 것들. 그러고 보면 나도 다른 사람에게 '힘내'라는 말을 할 자격이 있는 것 같기도 하다.

태엽은 감은 만큼 풀어진다

그 봄에 제비꽃과 사랑했다 해서 내가 슈퍼우먼이 된 건 아니었다. 다만 어쩌다 보니 산책할 힘 정도는 만들어졌고, 그러다 보니 단 음식을 먹어대느라 막 쓰던 돈을 좀 아끼게 됐고, 그렇게 자제력이 생기자 사람들과의 관계에서 힘과 영향력을 주고받을 수 있게 되었다. 나에게서 기운을 받은 길고양이는 당당하게 다가올 줄 알게 되었고, 긴소매 블라우스는 어쩌다 한 번 다림질의 혜택을 누렸으며, 핸드크림은 좀 더 자주 내 피부에 스며들었다.

여름부턴 시간을 내서 글을 쓰기 시작했다. 이왕이면 잘 쓰고 싶었다. 온갖 형용사를 갖다 붙였다. 문장들은 내 욕심 때문에 거대한 가발을 썼다. 그리고 제 뼈대에 맞지 않는 의상으로 인해 온 근육이 긴장됐다. 나는 그 문장들을 계속 나열하며 자기만족 속에 살았다. 몇 달 쓴 글들을 가지고 학교 선배를 찾아갔다. 선배는 내가 공들여 쓴 글들을 대강 훑어보았다. 그러더니 이 말을 툭 던졌다. "힘이 잔뜩 들어갔네. 힘을 빼야 좋은 글을 쓰지." 그 말은 내가 쓴 게 좋은 글이 아니란 뜻이었다. 내심 칭찬을 기대했다가 민망해져서 서둘러

돌아왔다. 그날 이후 꽤 오랜 기간 아무것도 쓰지 못했다.

힘을 제대로 쓸 줄 아는 근육은 평소에 부드럽다가 피치를 올릴 땐 단단해진다. 나는 운동신경이 매우 둔해서 자신감이 없는 편이다. 시간을 많이 들여야 겨우 초보 단계로 진입한다. 몇 년 전 내게 배드민턴을 가르쳐 주셨던 분이 기억난다. 그때도 내 몸은 긴장으로 굳어 있었다. 배드민턴을 가르치는 내내 그분은 이렇게 말하셨다. "힘을 빼고 치셔야 합니다."

'피치pitch'란 나사나 톱니를 한 바퀴 돌렸을 때 나아가는 거리이다. '피치를 올리다' 라는 표현을 들을 때면 장난감의 태엽을 박박 돌려 감던 일이 떠오른다. 어떤 태엽이든 감으면 감은 만큼 풀린다. 장난감은 딱 자기가 받은 그 피치만큼 움직인다. 만약 태엽을 잔뜩 감아 놓고도 여전히 그것을 놓지 않는다면 장난감은 움직이지 못한다. 태엽이 풀리기 시작할 때에야 신나게 노래하고 춤출 수 있다.

힘을 얻거나 만드는 몇 가지 방법

@ 많은 경험

경험은 연습과 비슷한 말인 것 같아. 뭔가를 해 본 사람은 자신감이 생기기 마련이야. 어릴 때 냇가에 물고기를 잡으러 간 적이 있었는데 그때 앞장섰던 친구들은 경험 있는 친구들이었어. 앞장서 본다는 건 멋진 일이야. 그만큼 용기와 리더십이 있다는 뜻이니까. 많은 경험을 하기 위해선 무얼 할지 정해야겠지. 낯선 음식 먹어보기, 외국인 친구 사귀기, 발명해 보기, 이색적인 악기 연주하기 등을 시작해 보면 어떨까. 뭔가 낯선 것에 도전한다는 것 자체만으로 활력이 생길 뿐 아니라 세상을 보는 각도 또한 넓어질 거야.

@ 깊이 있는 독서

독서는 '간접경험'이라고 하지만, 그 효과는 직접적이야. 예를 들어 《노인과 바다》를 읽고 나면 '《노인과 바다》를 읽은 사람'이 되는 거야. 그 책을 만지고, 페이지를 넘기고, 다 못 본 부분은 며칠에 걸쳐서 읽어낸 사람이 되는 거야. 또한 얼마나 깊이 읽느냐에 따라 경험의 크기가 달라져. 책을 읽는 동안 어떤 사람은 헤밍웨이를 만날 수 있어. 또 어떤 사람은 노인으로부터 불굴의 의지력을 물려받게 되지.

@ 건강관리

이십 대의 힘과 아름다움은 영원하지 않아. 그러므로 꾸준한 건강관리가 필요해. 우선 뼈 건강에 주의를 기울여야 해. 거북목, 척추측만증 등 뼈와 관련된 질환은 나이를 가리지 않지. 내 뼈가 바르게 정렬돼 있는지 꼭 점검하고 바른 자세로 생활하자.

치아관리도 소홀히 하면 안 돼. 입안의 치석은 잇몸뼈 파괴의 주범이야. 자각증상이 없다고 해서 치석 제거를 미루다간 결국 치아를 잃게 되지. 주기적으로 스케일링을 받으면 이런 일을 예방할 수 있어. 만 19세 이상이면 1년에 1번씩 스케일링에 건강보험이 적용돼. 매년 생일이 있는 달에는 스케일링을 받자. 그러면 정기적인 검진이 가능해지고, 사랑니 발치 등 평소 궁금했던 점에 대해 문의할 수 있지.

경쟁 사회는 현대인의 정신건강을 심각하게 위협하고 있어. 특히 입시, 취업, 결혼 등 수많은 선택 앞에 놓인 청년은 스트레스에서 자유롭기 어렵지. 심리적인 압박감, 불면증, 심한 기분 변화, 너무 많은 걱정, 비현실감 등 어려움이 있다면 가까운 정신건강의학과를 방문하자. 구청 등에 있는 정신건강복지센터를 이용하는 것도 좋은 방법이야. 무료로 상담받을 수 있고 여러 가지 프로그램에 참여할 수도 있으니까.

@ 중독성 기호품 멀리하기

술, 담배 등 중독성 기호품은 멀리하는 게 좋아. 무언가에 중독된다는 건 그것에 의존한다는 뜻이니까. 생각해 봐. 내가 액체인 술에, 기체인 담배 연기에 의존한다는 것에 대해. 음, 말도 안 되지 않니? 조금 즐기다 끊으면 된다고? 하지만 의존하는 대상을 버린다는 건 쉽지 않아. 중독이 된다는 건 뇌의 기능에 문제가 생긴다는 뜻이거든. 그렇게 되면 뇌 신경세포가 파괴되고 우울증을 앓을 위험성도 높아져. "술 한 잔, 담배 한 모금이 어때서?"라고 권하는 사람들이 있을 거야. 그런 사람들도 살면서 한 번 이상 금주나 금연을 시도할걸. 내가 아는 한은 그래.

한 번에 하나씩

숫자 1은 맨 앞에 선다.
모든 자연수의 기준이 된다.
숫자 1은 시작한다.

오렌지에게 실망이다

처음 맛본 오렌지 가루는 아주 시고 아주 달았다. 유리컵에 물과 가루를 부은 다음 쇠젓가락으로 휘저어 마셨다. 첫맛은 상큼하고 끝맛은 텁텁했다. 아직 녹지 않은 가루가 씹혔다. 오렌지 가루가 담긴 봉지는 은빛 상자에 담았다. 상자를 찬장에 넣었다. 찬장은 바다색이었다.

시간이 꽤 흐른 다음 슈퍼에서 오렌지주스를 사다 마셨다. 또 시간이 흘렀고, 이번엔 캘리포니아에서 수입된 오렌지를 먹었다. 진짜 오렌지를 먹기는 처음이었다. 귤보다 까기가 힘들어도 맛은 더 강했다. 하지만 내가 처음 맛본 오렌지 가루만큼은 아니었다. 오렌지에게 실망이었다.

원본이 복사본만 못한 경우가 종종 있다. 내게는 자유의 여신상이 그랬다. 엽서나 교과서에서 본 여신상은 흠 없고 위엄 있고 우윳빛이었다. 그게 보정된 이미지라는 걸 뉴욕에 가서야 알았다.

사진을 찍고 확인할 때면 '원판 불변의 법칙'이 맞는 것도 아니라는 사실을 깨닫게 된다. 나는 '나보다 나은 나'를 백 장쯤 가지고 있다. 그것들은 심지어 포토샵 작업을 통해 진화하기까지 한다.

눈사람 굴리기

물론 모든 원본이 복사본만 못한 건 아니다. 처음 찍은 답은 그 뒤에 찍은 답들의 원본 격인데, 이때는 대체로 원본이 맞다. 머릿속 생각은 그런 것 같다. 시간을 두고 굴릴수록 때가 탄다. 욕심껏 굴리다 보면 흙이 묻는 눈사람처럼.

‘차근차근’이 가진 뜻밖의 뜻

“야! 왜 이렇게 끈질기게 장난을 쳐? 아주 차근차근 구네.” 얼마나 귀찮았으면 그렇게 소리쳤을까. 지금 생각해 보면 친구에게 미안하다. 가위바위보를 하며 계단을 올라갔는데 매번 트릭을 썼더니 화를 낸 것이다. 그건 그렇고, 나는 ‘차근차근’을 그런 뜻으로 사용하는 경우를 그때 처음 봤다. 그 이후로는 본 적이 없다. 알고 보니 ‘차근차근’엔 ‘순서대로 찬찬히’라는 고유의 의미 말고도 ‘은근히 귀찮게 구는 모양’이라는 뜻이 하나 더 있었다. 《표준국어대사전》에는 그 예문으로 다음과 같은 문장이 나온다. ‘술집 골목에 들어서니 호객꾼들이 차근차근 사람들을 붙잡는다.’

계단을 보면 몇 개씩 뛰어오르고 싶을 때가 있다. ‘차근차근’이 안 되는 성격 탓이다. 공부나 일을 내게 질리도록 만들려면, 그래서 항복하게 하려면 차근차근 굴어야 하는데.

루틴이라는 시동키

잠이 많은 청년기에 이른 아침 눈을 뜬다는 건 어려운 일이다. 더 어려운 건 기상하자마자 방바닥에 발바닥을 붙이는 일이다.

하루에도 수십 가지 일을 하면서 엄청난 결과물을 내놓는 사람을 볼 때면 이런 궁금증이 든다. '대체 잠은 언제 자는 거지?' 언젠가는 그런 분을 볼 기회가 있어서 정말로 물어봤었다. 그러자 이런 답변이 돌아왔다. "아까운 시간에 왜 잠을 자요?"

'루틴routine'은 어떤 일을 하게 만드는 명령을 말한다. 자동차를 움직이게 만드는 시동키 같은 것이다. 루틴은 구체적인 습관일 수도 있다. 공부하기가 지겨워질 때마다 풍선껌을 씹는 경우가 그 예이다. 루틴은 걱정이나 기대 등의 정신활동일 수도 있다. 연일 폭우가 계속된다면 농부는 농사 걱정에 새벽부터 눈을 뜰 것이다. 이른 아침에만 반짝 잘되는 토스트 가게가 있다면, 그 주인은 새벽 기상이 세상에서 제일 쉬울 것이다.

내가 아는 어떤 사람은 바짝 집중해야 할 일이 생기면 컵을 닦았다. 설거지를 루틴으로 끌어들인다는 게 선뜻 이해되지 않았지만 몇 번 지켜보니 수긍이 갔다. 그가 '컵 씻기'를 루틴으로 활용할 때의 설거지법은 평소와 달랐다. 젖병 세척용 스펀지 솔을 사용해 컵의 안쪽을 수십 번 문질렀다. 깨끗이 헹군 뒤엔 손톱으로 두 번 두드려 '쨍'하는 소리에 귀를 기울였다. 그리고 마지막으로 일정한 자리에 엎어두었다. 왜 그렇게 하는지 물은 적은 없다. 그런 과정을 통해서 그가 기분 전환을 하고, 일에 집중할 준비를 한다는 사실을 짐작할 수 있어서였다.

하루는 바닥에서 옥상까지 이어지는 계단

자정이면 어제가 사라지고 오늘이 시작된다. 신데렐라가 밤 열두 시 전에 무도회장에서 나와야 하는 이유는 자정엔 모든 게 원점으로 돌아가기 때문이다. 황금 마차가 아니라 호박 덩어리, 멋진 드레스가 아니라 허름한 옷, 준마가 아닌 생쥐. 이런 것들을 대면해야 하기 때문이다. 그러나 날이 바뀌어도 신데렐라는 그냥 신데렐라다. 그의 유리구두 역시 다른 사람은 신을 수가 없는 신발인 채로 남는다.

하루는 바닥에서 옥상까지 이어지는 계단이라는 생각이 든다. 우선 층수가 구분돼 있다, 마치 시간처럼. 힘들 때 붙잡을 수 있는 난간도 설치할 수 있다. 나는 하루의 바닥에 선다. 빗자루를 손에 든다. 한 번에 하나씩, 계단을 닦으며 올라간다. 옥상까지 밀고 나가면 내일의 바닥에 닿는 거다. 내일의 나를 만나는 것이다.

미래와 선택

@ '미래'라는 이름의 말

미래는 난폭한 말과 같아. 움직이고 변하고 내달리지. 어떻게 해야 내가 탄 '미래'라는 말이 내 말을 잘 들을까? 맞아, 연구해야 해. '미래'라는 이름의 말에 대해 관심을 갖고 관찰해야 해. 그러면 알게 될 거야. 언제 몸을 맡겨 함께 달려갈지 언제 고삐를 당겨 속도를 제어할지 언제 세워서 당근을 먹일지 말이야.

미래는 나와 함께 태어난 말이니까, 그것이 도착지에 다다를 땐 나의 생명도 다하겠지. 지금은 이 난폭한 말이 대체 어디로 질주하는지 모르겠다는 생각이 들 거야. 주위 풍경은 안 보이고 그냥 바람에 흩날리는 말갈기만 불안하게 두 눈을 찌르는 상태일 거야. 그러나 그 기간이 지나고 나면 '미래'라는 말도 지쳐. 늙고 체력이 떨어져. 그건 꼭 나쁜 것만도 아니야. 불안이 걷히고 조용한 풍경이 눈에 들어올 거라는 신호거든.

그때부터 말은 내가 원하는 방향과 속도를 유지하며 멋지게 달려나가게 될 거야. 멋진 곳으로 데려다줄 거야.

@ 미래와 미래들

로봇이 노벨문학상을 받고, 지금의 전문직을 로봇이 대체하고, 사람들이 로봇 아이돌의 백댄서가 되는 세상이 올지도 몰라. 이런 일들은 사실 지금 이 순간에도 진행되고 있어. 예를 들어, 우리는 이미 인공지능이 탑재된 동시통역 이어폰을 구입할 수 있지.

그렇다면 이제 우리는 글을 쓰지 말고, 전문분야로 가기 위한 공부도 멈추고, 외국어 교재를 내다 버려야 할까? 다행히도 그러지 않아도 된다고 해. 미래는 미래학자도 예측하기 어렵다고 해. 미래학자들은 미래를 'future'라고 하지 않고 복수형인 'futures'로 표기한대. 미래는 무수한 갈림길이고 다양한 선택이기 때문이지.

@ 4차 산업혁명 시대와 직업

동시통역 이어폰에 대해 더 생각해 보자. 이 회사엔 이어폰을 더 좋게 만들기 위해 연구개발 부서를 운영하고 있을 거야. 공장이 있을 거고, 판매를 위한 팀도 있을 거야. 그렇다면 엔지니어, 재료개발자, 번역가, 제품 디자이너, 공장의 근로자, 마케터가 필요하겠지.

어떤 일자리는 로봇이 대체하고 어떤 건 사람이 담당할 거야. 정확한 예측은 미래학자도 못해. 20세기에도 21세기에 대한 예측이 많이 나왔지만, 그중에 실현된 것은 극소수에 불과해. 그리고 우리는 실현된 예언만 기억하고 있지. 21세기를 살아가는 우리는 빅데이터, 가상현실, 3D 프린터, 사물인터넷, 로봇공학, 도시농업 등의 분야에 관심을 가질 필요가 있어. 대학에서 전문적인 공부를 할 수도, 유학을 갈 수도, 정부에서 지원하는 직업훈련 프로그램을 이수할 수도 있지. 이미 그런 프로그램들이 지원되고 있어. 지금은 그런 기술을 갖추는 게 중요해.

중요한 건 인간으로 살 수 있는 건 인간뿐이라는 거야. 로봇 의사가 아무리 유능하다 해도 다수의 환자들은 사람 의사를 원할 거야. 피부밑으로 부동액이나 윤활유가 아니라 피가 흐르는 사람을 말이야.

@ 선택의 원칙

무엇을 선택하든
나를 풍성히 만들어줄 수 있는 것으로
행복해질 수 있는 것으로.

우린 아직 무엇으로도
누구로도

결정되지 않았어.
- 그건 불안이면서 동시에 가능성이지

출발점의 신호탄에서 결승선의 리본으로

카운트다운. 그리고 출발. 신호탄의 총구에서 연기와 총성과 화약 냄새가 솟구친다. 각자의 출발점에서 벗어난 주자들이 질주하기 시작한다. 발을 내딛는 도중에도 연기는 시야를 가리고, 총성은 귀를 먹먹하게 하고, 화약 냄새는 몸에 스며들어 좀처럼 사라지지 않는다.

희뿌연 막막함. 부모의 품을 떠나 사회로 첫발을 내딛는 순간도 달리기 경주의 출발점과 다르지 않을 것이다. 많은 도전과 그에 따른 책임을 안게 되지만, 실패의 쓴맛을 보는 순간들이 무수할 것이다. 그 안에서 나만의 페이스로 질주하는 것이 온전한 나를 만들어가는 시간이라는 것을 점차 깨닫게 되는 것. 그로 인해 한층 선명해진 시야로 질주하며 새 힘을 내는 것. 하지만 뭔가 깨달음을 얻는다는 건 단번에 되는 일도 쉬운 일도 아니다.

이 책은 스무 살 청년들의 시야를 선명하게 만드는 데 도움이 되고자 쓰여졌다. '삶'이라는 공통분모가 가진 몇 가지 깨달음을 공유하기 위해 쓰여졌다. 중장년층의 부모가 보기엔 당연한 상식이지만, 이제 출발하는 청년이 바로 알기에는 어려운 정보들을 드문드문 써 나간 이유다. 달리기 선이 자칫 절취선이나 정지선이 되지 않도록, 사회에 나가면 경계해야 할 일들에 대해서도 써 나간 이유다. 세상의 어두운 면을 보라는 뜻이 아니라 길의 평평한 정도와 기울기, 함정 등에 대한 정보를 제공하고자 했다. 모든 청년이 넘어지지 않고 묵묵히 달려서 무사히 결승선에 닿기를 응원하고자 했다.

내민 가슴으로 결승선의 리본을 부드럽게 밀어내기.

내민 가슴으로.

두려워하지 않고.

새우와 고래가 함께 숨 쉬는 바다

갓God 스물
스무 살 사용 설명서

지은이 | 최세라
펴낸이 | 황인원
펴낸곳 | 도서출판 창해

신고번호 | 제2019-000317호

초판 인쇄 | 2021년 07월 22일
초판 발행 | 2021년 07월 29일

우편번호 | 04037
주소 | 서울특별시 마포구 양화로 59, 601호(서교동)
전화 | (02)322-3333(代)
팩스 | (02)333-5678
E-mail | dachawon@daum.net

ISBN ISBN 979-11-91215-10-6 (03190)

값 · 15,000원

Publishing Club Dachawon (多次元)
창해·다차원북스·나마스테